MEMORIAS DE JESÚS DE NAZARET

COLECCIÓN FÉLIX VARELA ❶

EDICIONES UNIVERSAL, Miami, Florida, 1996

JOSÉ PAULOS

MEMORIAS DE JESÚS DE NAZARET

EDICIONES UNIVERSAL

Primera edición en libro, 1996
(También existe una edición en "casettes", 1996)

EDICIONES UNIVERSAL
P.O. Box 450353 (Shenandoah Station)
Miami, FL 33245-0353. USA
Tel: (305)642-3234   Fax: (305)642-7978

Library of Congress Catalog Card No.: 96-86649

I.S.B.N.: 0-89729-815-2

Composición de textos por María C. Salvat Olson

Diseño de la portada por Elina Paulos

ÍNDICE

PRÓLOGO

esús de Nazaret, cuyo nacimiento divide la historia en dos partes —antes y después de Cristo— es hoy más que nunca el gran desconocido aún para los mismos cristianos, la mayoría de los cuales no conocen de él más que unas cuantas frases y anécdotas de su vida.

Respondiendo al llamado del Papa Juan Pablo II en su carta apostólica "*Hacia el tercer milenio*", en la que nos insta a dedicar el año 1997 refexionando sobre la persona de Jesucristo como salvador del mundo, hemos decidido publicar estas "*Memorias de Jesus de Nazaret*".

Confío que, aunque son una obra ficción, ayuden a mis lectores a conocer el Jesús auténtico — el Jesús del evangelio — que arrastraba las multitudes por el magnetismo de su personalidad y su doctrina; por su comprensión ante la debilidad humana, su compasión ante el dolor y el sufrimiento, su dedicación al servicio de los demás, y su valentía e intransigencia ante el abuso y la injusticia.

José Paulos

CAPÍTULO I

El primer recuerdo que tengo de mi infancia son los ojos de mi madre, María; unos ojos grandes, negros y brillantes que nunca me abandonaban. El segundo recuerdo son las manos de mi padre, José; unas manos callosas y fuertes que me sostenían cuando empezaba a caminar.

Nací en Belén de Judá, la ciudad de mi antepasado el rey David porque, según me contaron mis padres, poco antes de nacer salió un decreto del emperador ordenando a todos los jefes de familia empadronarse en su lugar de origen.

Debió de ser muy duro para ellos, especialmente para mi madre que estaba a punto de dar a luz y el viaje era largo e incómodo; cinco días de viaje a lomo de burro por valles y montañas.

Dios Todopoderoso cuidó de ella y a poco de llegar a Belén nací yo en un establo pues, dada su condición y la inminencia del parto, no pudieron alojarse en la posada. Nunca oí a mi madre quejarse por ello, pero muchas veces le oí decir que esos días fueron los más felices de su vida.

Me crié en Nazaret rodeado del cariño de mis padres, de quienes aprendí desde mi infancia a conocer, amar y servir a Dios. Apenas podía hablar cuando mi madre me enseñó a comenzar el día recitando la oración: "Oye, Israel: el Señor, nuestro Dios, es el único Señor. Debes amarle con todo tu corazón, con toda tu alma y con todas tus fuerzas". Oración que no he dejado un solo día de rezar y meditar en el silencio de mi corazón.

Mi padre me hablaba de Dios Todopoderoso, creador de cielos y tierra, de su amor especial por nuestro pueblo y del Mesías prometido desde antiguo que, según él, estaba a punto de llegar.

"Si cumples los mandamientos sirviendo al Señor, nuestro Dios, de todo corazón y con toda tu alma, el Todopoderoso nos concederá lluvia en el tiempo oportuno para cosechar grano, mosto y aceite — me decía — Ten cuidado para que tu corazón no se deje enloquecer y te olvides que de Dios es la tierra y de Dios son sus destinos. Guarda siempre mis palabras en tu corazón y no las olvides jamás".

Cuando empecé a caminar mi mundo comenzó a ensancharse; primero caminando junto a mi madre a la fuente del pueblo, y después acompañando a mi padre al campo en busca de la madera que necesitaba en el taller. Con él aprendí el nombre de las plantas y animales del campo, y los lugares lejanos a donde llevaban los caminos que cruzan Nazaret. Me habló de otros pueblos y lugares, pero sobre todo de Jerusalén, la ciudad santa, donde esta el templo de Dios Altísimo.

Los sábados mi madre me vestía con una túnica de lino, y acompañaba a mi padre a la sinagoga, donde aprendí a recitar largas oraciones y los preceptos de la Ley. Me gustaba escuchar la lectura de la historia de Israel, sobre todo cuando leían la vida de mi antepasado el rey David, y me fascinaban las profecías que anunciaban la llegada del Mesías que salvaría a mi pueblo.

Pronto comencé a "trabajar" ayudando a mi padre en el taller. ¡Que orgulloso se sentía cuando decía a sus clientes que ya tenía un ayudante! No era mucho lo que ayudaba, pero merecía la pena porque, con ello, le hacía feliz.

Al cumplir los 12 años mi padre me dijo que era ya un hombre. Pero no un hombre cualquiera sino un israelita, descendiente de Abraham, que formaba parte del pueblo escogido por Dios. Y como tal, iba a hacer mi primera peregrinación para celebrar la Pascua en Jerusalén.

Mi entusiasmo e impaciencia iban creciendo de día en día, y cuando al fin nos pusimos en camino, con cada paso que daba, mi corazón palpitaba más deprisa. El viaje con mis padres, en compañía de un grupo de peregrinos que aumentaba en cada pueblo por el que pasábamos, y el canto incesante de los salmos fue una experiencia inolvidable. Pero nada pudo compararse a la emoción del momento en que por vez primera, desde la lejanía, pude ver la silueta del templo. Todos los peregrinos nos postramos en tierra y cantamos un himno de acción de gracias.

Entre mi padre y mi madre, abriendo los ojos todo lo que podía para no perderme nada, llegué al templo santo donde habita nuestro Dios. ¡Que desilusión me llevé! El griterío de los cambistas y mercaderes, los empujones de los peregrinos por entrar siquiera al atrio del templo, y el olor de los animales y la sangre de los sacrificios era insoportable. ¿Cómo encontrar a Dios en ese ambiente?

En las clases de la sinagoga de Nazarét, cuando hacía alguna pregunta acerca de Dios que el rabino no sabía responder, me solía decir: "Cuando vayas al templo de Jerusalén, pregúntalo a los doctores de la Ley". Por eso al oír decir que allí, en uno de los atrios del templo, había un grupo de doctores explicando la Ley y contestando preguntas, me separé de mi padre que estaba comprando el cordero para el sacrificio, y me acerqué lleno de curiosidad.

El aspecto señorial y venerable de los doctores era impresionante. Escuchaban las preguntas que tímidamente les hacían los peregrinos y, muy solemnemente, respondían con explicaciones larguísimas y extremadamente complicadas que yo no podía entender y, en mi opinión, tampoco entendían los demás. ¿Por qué era tan complicada la Ley?, me preguntaba. Si es la palabra de Dios, ¿cómo es que Dios no hablaba de modo que todos le pudiesen entender?

No se el tiempo que pasé escuchando a los doctores, con la esperanza siempre de poder hacer algunas preguntas. No fue fácil, pero al fin llegó la oportunidad. Muchos de los peregrinos habían hecho ya su ofrenda y abandonaban el templo. El número de los que rodeaban a los doctores había disminuido grandemente y parece ser que se estaban acabando las preguntas. Fue entonces cuando pude hacerme oír y pregunté: "Si el templo del Altísimo, donde habita la divinidad, es casa de oración, ¿por qué está convertido en un mercado? ¿Cómo es posible oír aquí la voz de Dios?"

Todos volvieron su rostro hacia mi, y me miraron como si hubiese pronunciado una blasfemia. El doctor que había de responder mi pregunta no pudo ocultar su disgusto y cuando iba a comenzar a hablar, de pronto apareció mi padre quien, cogiéndome fuertemente del brazo, me arrastró hacia él. Después de pedir perdón por el atrevimiento de mi pregunta y ofrecer como disculpa mi corta edad, me sacó apresurado de aquel grupo para llevarme cuanto antes al lugar donde esperaba angustiada mi madre.

Nunca había visto así a mi madre. Parecía como si en las pocas horas que me anduvieron buscando había envejecido. Alegre por tenerme de nuevo a su lado, pero aún triste por el sufrimiento que les había causado, me preguntó: "Hijo mío, ¿por qué nos has hecho esto? Mira que tu padre y yo, apenados, te estábamos buscando." No pudiendo imaginarme el dolor que les había causado, respondí: "¿Por qué estábais tan apenados? ¿Tanto os extrañó que, estando en el templo, me ocupase de las cosas de Dios?"

No hubo recriminación alguna por su parte; sólo el dolor por creer que me habían perdido. Por mi parte, sentimiento por haber sido la causa de ese dolor. Nunca más se volvió a hablar de este incidente, pero ni mis padres ni yo pudimos borrarlo de nuestra memoria.

CAPÍTULO II

Siempre respeté a mi padre, a quien admiraba y amaba inmensamente. Por eso su muerte prematura, antes de que yo cumpliera los veinte años de edad, fue una pérdida incalculable para mi madre y para mi. Entonces me di cuenta del valor de su consejo, tantas veces repetido desde que yo era un niño: "Jesús, tienes que aprender bien el oficio de carpintero para que puedas vivir honradamente de tu trabajo, siguiendo el mandato divino, y para que cuando yo falte puedas cuidar de tu madre." Por que así fue, como si un ángel del cielo le hubiera anunciado que su misión en este mundo no iba a ser larga.

Como carpintero trabajé y me gané la vida hasta que llegó la hora de anunciar la llegada del nuevo reino de Dios, tal y como El había dispuesto. El taller de carpintería fue la escuela donde aprendí a valorar el trabajo con que proveer a nuestro sustento y tener algo que compartir con los más necesitados.

Allí aprendí también a comprender los problemas de los demás y a soportar las exigencias, a veces irracionales, de mis clientes; así como a ver lo mejor y lo peor de lo que es capaz el hombre usando y abusando la libertad que nos dio el Creador.

Fueron casi diez años de trabajo los que pasé en Nazaret disfrutando el cariño de mi madre, la alegría de los niños que jugaban correteando por las calles del pueblo, y la felicidad de familiares y amigos que contraían matrimonio para formar un hogar y crear una familia.

En mi casa, observando a mi madre, aprendí a valorar la sabiduría de la mujer que usando un poquito de levadura sabe fermentar el pan de cada día y el trabajo con que pacientemente carda la lana para tejer la ropa con que vestir a su familia.

En Nazaret aprendí, también, a amar el mundo creado por Dios y puesto al servicio de los hombres. Sentado en la cumbre de la colina donde está situado el pueblo, observaba los campos cubiertos en primavera con un manto de flores que ni el rey Salomón en todo su esplendor pudo igualar, y los miles de pájaros que llenando el aire con sus canciones cruzan el espacio hasta perderse en el horizonte.

A lo lejos divisaba a los sembradores lanzando su semilla al aire y a los pastores conduciendo sus rebaños a lugares de pasto; en los días claros, podía ver las caravanas del oriente que cruzan Galilea buscando los puertos de mar, y a los mercaderes de Damasco camino del opulento Egipto. También me tocó, de vez en cuando, ver el paso de las legiones romanas por los caminos de Israel recordando a mi pueblo que estaba subyugado a Roma y tenía que pagar tributo al Cesar.

Pero sobre todo, en lo alto de la colina, me sentía más cerca de Dios y allí aprendí a escuchar su voz y dialogar con El en el silencio de mi corazón; voz de un padre que desea nuestro bien y está siempre dispuesto a escucharnos.

En Dios encontré el padre y confidente que perdí al morir José. Todos los días compartía con El mis inquietudes del presente y planeaba el futuro; un futuro que, poco a poco, me fue revelando y transcendía con mucho los límites de la carpintería de Nazaret.

Un día pregunté a mi madre por qué después de mi nacimiento en Belén nos trasladamos a Egipto en lugar de regresar a Nazaret, y me respondió que fue por salvar mi vida. "¿Salvar mi vida?", le pregunté sorprendido. "Sí, salvar tu vida — me dijo — porque el rey Herodes te buscaba para matarte".

No pudiendo comprender que fuese una amenaza para Herodes, me contó como a poco de nacer, estando aún en Belén, se presentaron unos sabios del oriente para rendirme homenaje porque, según ellos, cuando yo nací apareció una estrella en el firmamento que anunciaba el nacimiento de un gran personaje.

La estrella se movía hacia occidente y, siguiéndola, llegaron hasta Jerusalén donde preguntaron por el recién nacido pero nadie sabía responderles. Acudieron entonces al rey Herodes quien, sorprendido por la noticia, reunió a los doctores de la ley y ellos le indicaron que, según la profecía de Miqueas, el Mesías esperado nacería en Belén de Judá.

Siempre suspicaz y temeroso de perder su corona, Herodes los envió a Belén para que averiguasen donde estaba el recién nacido anunciado por la estrella, rogándoles que cuando lo encontrasen le informaran inmediatamente para ir también él a rendirle homenaje.

En realidad el astuto Herodes lo que pretendía era matar al niño una vez que los sabios de oriente le identificasen; lo que hubiera hecho, sin duda alguna, de no haber sido informado José por un ángel del Señor quien le ordenó ir a Egipto y permanecer allí hasta la muerte de Herodes. Fue algo tan extraño que mis padres, temiendo por mi vida, decidieron no hablar nunca de ello.

Ese día en mi oración le dí las gracias al Señor por haber salvado mi vida y le pregunté por qué apareció una estrella el día que yo nací. En el silencio de mi corazón escuché su voz que me decía: "Porque naciste para ser luz del mundo y salvador de mi pueblo, hijo mío; confía en mi y espera la señal que anunciará el comienzo de tu misión".

Confiando en Dios esperé hasta que Juan el Bautista comenzó a predicar a orillas del río Jordán anunciando la llegada del nuevo reino de Dios, como está escrito en el libro del profeta Isaías:
"Yo envio mi mensajero delante de ti
para que te prepare el camino.
Se oye una voz que grita en el desierto:
Preparád el camino del Señor;
abrid sendas rectas para él!"

El mensaje de Juan era de preparación y arrepentimiento, apelando al pueblo para reconocer sus pecados y comenzar una nueva vida, simbolizada por el bautismo de agua.

La gente le preguntaba:

— ¿Qué debemos hacer?

Y Juan contestaba:

— El que tenga dos mantos, de uno al que no tiene ninguno; el que tenga comida, compártala con quien no la tiene.

Unos recaudadores de impuestos le preguntaron:

— Maestro, ¿qué debemos hacer?

Y el les dijo:

— No exijáis más tributo del que señala la ley.

También le preguntaron unos soldados:

— Y nosotros, ¿qué debemos hacer?

Les contestó:

— Conformáos con vuestra paga y no hagáis extorsión ni chantaje a nadie.

Se acercaron también unos fariseos, hombres piadosos pero engreídos para quienes la religión se limita a la practica externa de los preceptos de la Ley despreciando a los demás y Juan desenmascaró su falsa piedad, diciendo:

— ¡Raza de víboras! ¿Quien os ha enseñado a huir de la ira que llega? Demostrad con obras vuestra conversión y no os hagáis ilusiones pensando que sois descendientes de Abraham. Porque os digo que Dios puede hacer que de estas piedras le broten descendientes a Abraham. Ya está el hacha preparada, y todo árbol que no de buen fruto será cortado y arrojado al fuego.

Miles de personas, algunas de Nazaret, acudieron a escucharle y regresaron convencidos de que Juan era el profeta enviado por Dios para anunciar la llegada del Salvador de Israel, prometido a nuestros padres.

Mi madre me pidió que fuese yo también a escucharle, y así lo hice. Según ella, Juan era hijo de su prima Isabel, quien estando ya en edad avanzada concibió y dio a luz un hijo destinado por Dios para preparar el camino y anunciar la llegada del Mesías. No le conocía, pero estaba segura de que Juan el Bautista era el hijo de Isabel.

Escuchando a Juan comprendí que era el Heraldo del Señor y la señal de que había llegado la hora de comenzar la misión que Dios me tenía reservada. Así me lo confirmó mi Padre celestial cuando al recibir el bautismo a orillas del Jordán, me dijo:

— Recuerda, Hijo mío, que fuistes escogido desde el principio del mundo para la salvación de mi pueblo y llevar la luz a los que viven en la oscuridad y sombra de muerte.

Regresé a Nazaret para despedirme de mi madre y anunciarle la misión que mi Padre celestial me había encomendado. No le extrañó. Me dijo que hacía tiempo lo esperaba pues sabía que para eso nací y para eso vine al mundo pues yo era el Mesías, Hijo del Altísimo, y que José no era mi padre.

No podía explicarme cómo pudo ser eso, porque no podía entenderlo. Pero estando desposada con José, antes de que conviviesen, un ángel del Señor le anunció que daría a luz un hijo al que pondría por nombre Jesús. "Será Hijo del Altísimo — le dijo — Dios el Señor le entregará el trono de su antepasado David y reinará sobre la casa de Jacob y su reinado no tendrá fin". Preguntó cómo podría suceder eso y el ángel le respondió: "Su Espíritu descenderá sobre ti y el poder del Altísimo te cubrirá con su sombra. Por eso el niño que de ti nacerá será santo, será Hijo de Dios."

Se excusó de no haberme dicho eso antes por que ella solamente era "la esclava del Señor", cuya misión no era más que cumplir la voluntad de Dios segura de que, a su debido tiempo, El me lo haría saber. ¡Cuanto admiré la fe de mi madre! Nunca lo entendió pero nunca dudó de la palabra de Dios y, en su humildad, prefirió ser la esclava del Señor antes que la madre del Mesías salvador.

CAPÍTULO III

En las clases de la sinagoga, el rabino de Nazaret nos hablaba con un entusiasmo contagioso del Mesías prometido que estaba a punto de llegar. Un general invencible que aparecería de improviso para derrotar a los romanos y purificar Israel de paganos; un general que destruyendo a todos los enemigos, establecería el dominio de Israel sobre todas las naciones y recibiría homenaje de todos los pueblos. Eso mismo es lo que el rabino había aprendido de su maestro y lo que desde hacía muchos siglos esperaba el pueblo de Israel.

— ¿Cómo es posible que el Mesías venga a conquistar el mundo con la fuerza de las armas matando y destruyendo algo que tu creaste?, pregunté un día en la oración a mi Padre Celestial. Y El me contestó:

— Esa no es la misión del Mesías, hijo mío.

— ¿Cual es su misión?

— La misión del Mesías no es matar y destruir, porque lo que viene a conquistar es el corazón de los hombres.

— ¿Y cómo se conquista el corazón de los hombres?

— El corazón, hijo mío, solamente se conquista con amor.

Mucho pensé sobre ello y cuanto más lo meditaba más lógico me parecía. Dios es amor; nos creó porque nos amaba aún antes de que existiéramos con un amor tan grande que ni siquiera el rechazo del hombre fue capaz de apagar el fuego de ese amor. En su amor infinito comprende la debilidad del ser humano como comprende también su ambición y vanidad. Por ellas rechazó el hombre a Dios, creyendo así convertirse en otro Dios, y en su ignorancia, abusando de la libertad que el Creador le dio, cayó más bajo que la bestia. No se pudo levantar de su caída porque, pasando del amor al temor de Dios, en vano intentó aplacar la justicia divina ofreciendo sacrificios y sangre de animales, ya que la única ofrenda que busca Dios del hombre es la de su arrepentimiento y su amor.

¿Cómo hacérselo ver así a los hombres? ¿Cómo convencerles de su error y cambiar su manera de pensar? Eso es lo que durante cuarenta días, en la soledad del desierto, medité en la presencia de mi Padre celestial, porque antes de comenzar la misión que El me encomendó necesitaba un plan de acción para llevarles su mensaje.

Como se trataba de un pueblo profundamente religioso pero ignorante de que Dios es amor y no hay otro camino que el amor para llegar a El, decidí comenzar exortándoles a cambiar su concepto de Dios y su conducta:

— "¡Arrepentíos porque se acerca el reino de Dios y sin arrepentimiento no podéis entrar en él! No basta con decir somos hijos de Abraham, porque os alejasteis de Dios por el pecado y solamente podéis volver a El por medio del arrepentimiento. Acercaos sin temor porque Dios nos ama y no quiere la muerte del pecador sino que se arrepienta y viva."

Seguí meditando sobre el reino de Dios, y le pregunté: — ¿Cómo enseñar a los hombres que tu reino no es el reino político que ellos se imaginan y esperan, sino un reino de paz y de amor?

Me respondió:

— Con tu vida y con tus obras, enseñándoles que toda la Ley se reduce a amar a Dios y al prójimo, y que el único bien absoluto es la vida eterna. ¿De qué le sirve al hombre ganar el mundo entero si pierde su alma, hijo mío?

No fue necesario responder, porque no hay tragedia más terrible que la del hombre que haciéndose esclavo de los bienes de este mundo, pierde la verdadera libertad.

— Tu, hijo mío — continuó mi Padre celestial — enséñales con el ejemplo de tu vida a caminar por el mundo sin dejarse esclavizar por las riquezas, el poder o la ambición; sin temer al poderoso que puede matar el cuerpo pero no el alma. Enséñales a vivir con la libertad del que busca la verdad en todo y aunque te rechacen, te juzguen una amenaza, condenen y ejecuten como un delincuente, yo estaré siempre contigo.

— Y mi muerte — pregunté intrigado — ¿De qué servirá a los demás?

Me contestó:

— Tu muerte será el precio de su libertad, porque con ella alcanzarán el perdón y la vida eterna.

— ¿Como es posible que la muerte del inocente sirva para perdonar al culpable?

— Porque el primer fruto del amor es el perdón, y así como por el pecado del hombre llegó la muerte al mundo, así también por el amor llegará el perdón. ¿Qué es el pecado sino egoísmo y falta de amor? El amor se manifiesta en las obras, y no hay amor mayor que dar la vida por los que se ama.

Tras una breve pausa, continuó:

— Dios no puede morir, hijo mío, pero tu sí. Y tu muerte, será la prueba del amor infinito de Dios a los hombres.

— Padre Santo — respondí — hágase tu voluntad.

El ayuno prolongado hizo sentir su efecto, y mirando las piedras del desierto, creía ver los panes que mi madre horneaba en Nazaret.

— ¿Por qué no convertir las piedras en panes y satisfacer el hambre? — pensé — ¿No sería eso además una prueba de confianza en los poderes que me había otorgado mi Padre Celestial?

— ¿Es así como piensas usar el don de Dios? — me preguntó la voz de mi conciencia. Recuerda que no sólo de pan vive el hombre y que esos poderes te fueron dados no para satisfacer tus deseos sino para ayudar a los demás.

Humillado por mi debilidad, di gracias a Dios por no haber caído en la tentación.

No fue esa la única vez que el tentador me puso a prueba. Meditando sobre el método a seguir para ganar la atención y el respeto de los que no veían en mi más que al humilde carpintero de Nazaret, me preguntaba:

— ¿Qué credenciales podré presentar para cumplir la misión que Dios me ha confiado? ¿Cómo persuadirlos para que crean en mi?

Y el tentador me sugirió el camino fácil de la ostentación:

—No eres hombre de letras y nadie te reconocerá como maestro en Israel. ¿Cómo piensas convencer a los doctores de la Ley para que acepten tu mensaje? ¿Te seguirá el pueblo sin su aprobación? ¡De ninguna manera! Se reirán todos de ti. Se razonable y usa el poder que Dios te dio para cumplir tu misión. Arrójate desde el pináculo del templo ante el asombro de todos, porque está escrito que "Dios ordenará a sus ángeles que cuiden de ti y te tomen en sus manos para que no sufras daño alguno." ¿Qué más prueba de tu misión? Todos te seguirán impresionados viendo que Dios está de tu lado. ¿No hizo lo mismo Moisés dividiendo el mar cuando sacó a su pueblo de Egipto?

Deslumbrado al principio por los argumentos del tentador, pronto me rehíce escuchando la voz interior de mi conciencia que me decía:

— ¿No sería eso la negación de tu misión? Tu misión no es asombrar al mundo haciendo obras maravillosas. La fe que se basa en hechos prodigiosos no es la fe auténtica.

Y respondí al tentador diciendo:

— También está escrito: "No pondrás a prueba al Señor tu Dios".

La única virtud del tentador es la constancia; nunca se da por vencido, permaneciendo siempre al acecho, y de nuevo se atrevió a acercarse con otra proposición:

— Eres un hombre joven y sin experiencia — me dijo — Yo en cambio tengo una experiencia milenaria. Conozco a los hombres desde que Adán pisó la tierra. He visto surgir y hundirse a todos los imperios y a todas las civilizaciones del mundo. Conozco la terrible crueldad de los dictadores, la avaricia insaciable de los mercaderes y la fuerza irresistible de los ejércitos. Todos ellos se rinden ante mi poder y sin mi ayuda no podrás conquistar el mundo. Pero yo te daré ese poder y todas las naciones de la tierra si te postras ante mi y me adoras.

Me horrorizó semejante proposición, y ofendido repliqué:

— ¡Vete de aquí, Satanás, porque escrito está: "Adorarás al señor tu Dios y a El sólo servirás!."

CAPÍTULO IV

De regreso a Galilea volví a visitar a Juan, quien seguía a orillas del río Jordán anunciando la llegada del reino de Dios y bautizando a centenares de personas que diariamente acudían a él.

Ese día, precisamente, había llegado de Jerusalén una comisión de sacerdotes, escribas y fariseos para preguntarle oficialmente que aclarase quien era él, pues corría la voz, cada vez más insistente, de que Juan era el Mesías esperado.

Juan lo negó abiertamente y ellos le preguntaron:

— Entonces, ¿quien eres? ¿Eres acaso Elías, a quien todos esperamos?

Juan respondió:

— Tampoco soy Elías.

Volvieron a preguntarle:

— ¿Eres acaso el profeta que deberá aparecer en los tiempos mesiánicos?

— No — contestó — no lo soy.

De nuevo insistieron sus interrogadores:

— Dínos, pues, quien eres porque debemos llevar una respuesta a los que nos han enviado.

Y él dijo:

— Yo soy la voz que clama en el desierto: "¡Allanad el camino del Señor!"

Su respuesta no satisfizo a los emisarios venidos de Jerusalén, especialmente a los fariseos quienes alegaron:

— Si tú no eres el Mesías, ni Elías ni el profeta esperado, ¿por qué bautizas?

A lo que Juan respondió:

— Yo bautizo con agua, pero en medio de vosotros hay uno que no conocéis a quien no soy digno siquiera de desatar la correa de sus sandalias.

Allí estaba yo, en medio de la multitud, escuchando a Juan anunciar que su misión estaba cumplida y ahora me tocaba empezar a mi.

Así era Juan; humilde, generoso y sincero. Ni él ni yo nos conocíamos hasta que acudí a escuchar su mensaje y recibir el bautismo en compañía de un grupo de galileos. Por eso fue grande mi sorpresa cuando al entrar en el agua para ser bautizado por él, Juan se resistió diciendo:

— No eres tú sino yo quien necesita ser bautizado. Yo no te conocía, pero quien me envió a bautizar y anunciar la llegada del Mesías me dijo: "Aquel sobre quien veas descender mi Espíritu, es mi hijo predilecto."

— Juan — le respondí — soy yo quien debe ser bautizado, porque vengo a tí como hombre que lleva el pecado del mundo hasta que llegue la hora del perdón y la salvación que Dios nos ofrece. Mientras, es menester que cumplamos lo que El ha dispuesto.

Al día siguiente me despedí de él para regresar a Galilea y comenzar allí mi misión. Apenas me había puesto en camino cuando se me acercaron dos jóvenes galileos. Pensando que retornaban a sus hogares tras recibir el bautismo de Juan y buscaban compañía para hacer un viaje largo y peligroso lo más ameno y seguro posible, acepté gustoso su compañía.

Pronto descubrí que buscaban algo más que un compañero de viaje. Su conversación, desde el principio, se centró acerca del Mesías cuya llegada Juan anunciaba y poco después me confesaron ser discípulos del bautista. Más aún, él mismo les había pedido que me siguieran, indicándoles:

— Este es de quien yo dije: "Detrás de mí viene uno que es superior a mi, porque él ya existía antes que yo. Ni yo mismo sabía quién era, pero Dios me encomendó bautizar precisamente para que él tenga ocasión de darse a conocer a Israel."

Uno de ellos se llamaba Andrés y el otro Juan. Mucho hablamos esos días que caminamos juntos sobre la misión del Mesías y el nuevo reino de Dios, y tan entusiasmados estaban por su hallazgo que Andrés fue en busca de su hermano Simón para anunciarle que habían hallado al Mesías.

También él se añadió a nuestro pequeño grupo y al llegar a Bethsaida, en los confines de Galilea, los tres comenzaron a comentar, entre parientes y amigos, todo lo que yo les había dicho acerca del nuevo Reino de Dios.

Entre los que les escucharon estaba Felipe, quien fascinado por los relatos de sus tres paisanos, en el acto aceptó mi ofrecimiento de seguirme y comenzó a anunciar la buena nueva.

Su buen amigo Nathanael fue el primero a quien, lleno de alegría, hizo partícipe de su hallazgo:

— ¡Hemos hallado al Mesías de quien hablaron los profetas! Se llama Jesús, hijo de José y es natural de Nazaret.

— ¿Nazaret? — exclamó Nathanael — ¿Puede salir algo bueno de Nazaret?

Siendo natural de Caná, cerca de Nazaret, no tenía gran estima por mi pueblo y no estaba dispuesto a concederle la gloria de ser el lugar de origen del Mesías.

Felipe no dándose por vencido, le trajo a mi presencia para que se convenciese por si mismo. Al ver al desconfiado Natanael, no pude menos de exclamar:

— He aquí un verdadero israelita, hombre honrado y cabal, en quien no hay doblez ni engaño.

Profundamente sorprendido, me preguntó:

— ¿De dónde me conoces?

— Antes de que Felipe te llamase, ya te había visto yo meditando a la sombra de la higuera.

Desconcertado por haber leído sus pensamientos, pero rebosante de fervor exclamó:

— ¡Maestro, tu eres el Mesías salvador de Israel!

No me había equivocado en mi juicio sobre Natanael. También él ansiaba la llegada del reino de Dios y mi Padre Celestial le ponía en mi camino.

— ¿Te basta para creer el haberte dicho que te vi debajo de la higuera? — pregunté. Guardó silencio y añadí:

— ¡Cosas mayores que ésta verás en el futuro!

Precisamente en esos días, estando aún en Bethsaida, me llegó la noticia de que se casaba un pariente mío en Caná, el pueblo de mi nuevo amigo y compañero Natanael. El mensaje decía que mi madre ya se encontraba allí, ayudando a los preparativos de la boda, y que también mis discípulos estaban invitados. El viaje era corto, escasamente un día de jornada y allí nos encaminamos también nosotros.

La fiesta duraba varios días y era una ocasión de regocijo, no sólo para la familia sino para toda la comunidad, por lo que era muy difícil calcular con precisión el número de asistentes y por lo tanto la cantidad de comida y bebida necesaria. Nada tiene, pues, de extrañar que a veces los cálculos se quedasen cortos causando un bochorno a la pareja.

Tal parece ser lo que ocurrió en esta ocasión y mi madre, que sin duda alguna fue la primera en observar que las reservas de vino estaban a punto de agotarse, acudió a mi apresurada para poner pronto remedio.

— Mujer, acabo de llegar como invitado y no tengo con que resolver su problema. ¿Qué crees que puedo hacer yo? — le pregunté con respeto y cariño.

Mi madre me miró fijamente a los ojos, con esa mirada suya que leía mis pensamientos y lo decía todo sin pronunciar una sola palabra. Su confianza en mí era ilimitada porque sabía que mis poderes eran también ilimitados, pero...¿no era un abuso de mi parte usarlos para que no faltarse el vino en una fiesta nupcial?

La mirada de mi madre me decía que se trataba de algo más que eso; que se trataba de evitar una bochornosa humillación a la joven pareja que Dios acababa de bendecir. Me decía que no se trataba de usar esos poderes egoistamente para mí, como lo hubiera sido en el caso de las piedras del desierto, y que al fin y al cabo se trataba del vino de bodas que, como dice la Escritura, "alegre el corazón de los hombres."

La confianza de mi madre era inconmovible y llamando a los que servían el vino, les ordenó hacer lo que yo les dijera.

— Llenad de agua las vasijas vacías — les dije — y llevadlo al maestresala para que lo pruebe.

Así lo hicieron y cuando el maestresala probó el nuevo vino, cuya procedencia ignoraba, supuso que el recién casado había reservado el vino de mejor calidad para dar una alegre sorpresa a los invitados cuando la fiesta estaba a punto de terminar. Acercándose a él, le amonestó diciendo;

— Debe servirse primero el vino de mejor calidad y, cuando ya los invitados han bebido en abundancia, se saca el vino inferior. Tu en cambio, has reservado el mejor para el final.

No supo el novio que responder pues ignoraba su existencia. Indagando más tarde, por el testimonio de los servidores se enteró de lo sucedido y, un tanto confundido, vino a mostrarme su agradecimiento.

Terminados los festejos de la boda regresé a Nazaret con mi madre y mis parientes, permaneciendo allí solamente unos días, pues había decidido trasladarme a Cafarnaúm, a orillas del lago Tiberíades, que en adelante sería mi patria adoptiva y el centro de mis actividades misioneras.

CAPÍTULO V

Dicen que todos los comienzos son difíciles. El mío no fue excepción a la regla aunque, providencialmente, en Cafarnaúm podía contar con un pueblo hospitalario, deseoso de oír la palabra de Dios, y cuatro discípulos entusiastas.

Allí comencé a predicar en la sinagoga donde siempre era escuchado con gran respeto y deferencia. Ninguno de mis oyentes dudaba de la soberanía de Dios sobre Israel y todos ellos esperaban la llegada del Mesías anunciando el fin de una era y el comienzo de otra nueva. Una nueva era en la que la soberanía divina se extendería a todo el universo y sería aceptada por todos los pueblos.

Sin embargo, no podían comprender que se trata de una soberanía de amor. Por eso no me entendían cuando les decía que para formar parte del Reino de Dios no basta con ser hijos de Abraham; que es necesario el arrepentimiento y el amor porque el Reino de Dios llega al corazón del hombre que hace la voluntad divina aquí en la tierra como se hace en el cielo.

Acompañado de mis discípulos visitaba los pueblos y aldeas de la comarca y, de acuerdo con la costumbre tradicional de ofrecer el uso de la palabra a los visitantes, aprovechaba la oportunidad para enseñar en las sinagogas anunciando la llegada del Reino de Dios. También hablaba al aire libre y en las casas privadas cuando se me ofrecía la oportunidad o se reunía en torno mío algún grupo deseoso de escuchar mi mensaje.

Y ocurrió que estando en una aldea cerca de Caná, vino a buscarme un alto funcionario local quien tenía un hijo enfermo de gravedad. Animado quizá por la fama de taumaturgo que allí adquirí con ocasión de la boda, acudió a mi para que fuese a curarle. Me sorprendió su petición y temeroso de que se interpretase mal el sentido de mi misión, me atreví a preguntarle:

— ¿Es que no eres capaz de aceptar mi mensaje si no ves milagros y prodigios?

Pero el angustiado padre insistía:

— Señor, ven pronto, antes de que mi hijo muera.

Compadecido, le dije:

— Vuelve a tu casa que tu hijo ya está curado.

Tanta era su confianza en mi, que no dudó de mi palabra e inmediatamente regresó a Caná. Al acercarse a su casa le salieron sus criados al encuentro para darle la noticia de que su hijo se había puesto bueno. Preguntando a qué hora había comenzado la mejoría, le dijeron que a la una de la tarde; la misma hora en que yo le dije que su hijo estaba ya curado.

No debió serle fácil a este oficial la humillación de acudir a un pobre carpintero en busca de ayuda, pues no solo tuvo que vencer su orgullo sino también la oposición de quienes pensaban que era una locura lo que hacía. Pero tuvo fe, y mi Padre Celestial le correspondió dándole lo que pedía.

Al llegar el siguiente día a Caná con mis discípulos salió a recibirme agradecido por la curación de su hijo, y tanto él como su familia creyeron en mi y aceptaron mi mensaje.

Pronto se corrió la noticia de boca en boca con lo que aumentó mi fama de taumaturgo y hombre compasivo. Eso hizo que, de ahí en adelante, donde quiera que estaba viniesen a mi encuentro los enfermos en busca de curación.

Unos días después regresamos a Cafarnaúm y el sábado, como de costumbre, acudí a la sinagoga. Terminada la oración y la lectura de las Sagradas Escrituras me invitaron a hacer un comentario sobre el pasaje de la Ley que acababa de ser leído.

— La Ley es la palabra de Dios — comencé diciendo — y por tanto es sagrada. Es la regla suprema de nuestra vida y su cumplimiento el mejor testimonio de nuestra sumisión a la voluntad divina. Lamentablemente, en nuestro afán de cumplirla en sus más mínimos detalles, hemos añadido a la Ley de Dios un sin fin de preceptos humanos y regulaciones que han convertido la religión en un legalismo vacío que no conduce a Dios. En verdad os digo que no es la observancia material de la Ley sino el amor lo que conduce a Dios, porque El es amor y solo busca nuestro amor. Un amor sincero que brote del corazón y sea capaz de ver a Dios en el enfermo, el pobre, el necesitado, en el que sufre y padece....

No pude seguir porque en ese momento surgieron voces de protesta por parte de los escribas y fariseos para quienes mis palabras eran no solo motivo de escándalo sino la negación de su razón de ser. Ciegos y guías de ciegos no podían ver la inutilidad de su obsesión por cumplir unos preceptos inútiles para ellos y para Dios.

Sin embargo, para muchos de mis oyentes, que habían escuchado mis palabras con un corazón puro, mi enseñanza fue el comienzo de una nueva vida y aceptaron mi mensaje "porque — decían — habla como quien tiene autoridad y no como los escribas y maestros de la Ley".

Al salir de la sinagoga fuí a casa de Simón acompañado también por Andrés, Santiago y Juan. Allí encontramos a la suegra de Simón que yacía enferma con fiebre muy alta y me rogaron que la curase. Acercándome al lecho donde estaba acostada, le tomé la mano y ordené que se levantara. No dudó de mi palabra y al momento le desapareció la fiebre, al punto de unirse a las otras mujeres que preparaban la cena y se puso a atendernos.

Pasé gran parte de la noche en oración hablando con mi Padre Celestial y al día siguiente, de madrugada, me acerqué caminando a la orilla del lago donde a lo lejos se divisaba la barca de Simón y su hermano Andrés, afanados en las labores de la pesca.

No tardó en acercarse un pequeño grupo de pescadores que poco a poco fue creciendo hasta convertirse en una muchedumbre que, en su afán por oír la palabra de Dios, me fueron empujando hasta llegar al agua. En ese momento llegó la barca de Simón y sentándome en ella continué enseñando a la gente.

— El reino de Dios prometido a nuestros padres y anunciado por los profetas es un reino universal en el que tienen cabida todos los pueblos y razas del mundo. Es como una red barredera, que lanzada al agua recoge toda clase de peces, buenos y malos. Judíos y gentiles somos hermanos, hijos del Todopoderoso que hace salir el sol y envía la lluvia para todos. No se trata de un reino político, sino espiritual, por eso el Mesías no es un rey belicoso y conquistador. El profeta Isaías le llama "Príncipe de la Paz" y dice que su reino será fuente de bendiciones para todos los pueblos.

Al terminar mi discurso pedí a Simón que llevara la barca lago adentro y echase las redes para pescar.

— Maestro — me contestó — hemos pasado toda la noche trabajando sin pescar nada; no obstante, puesto que tu lo dices, echaré las redes.

Así lo hizo, y recogieron tal cantidad de peces que las redes estaban a punto de romperse. Avisaron por señas a sus compañeros, que estaban en otra barca, para que fueran a ayudarles y cuando llegaron, llenaron de peces las dos barcas, de tal manera que casi se hundían.

Al ver esto Simón, aterrorizado, cayó de rodillas delante de mi diciendo:

— Señor, apártate de mi, que soy un pecador.

A lo que yo le respondí:

— No tengas miedo, Simón, pues de ahora en adelante serás pescador de hombres.

Junto con él y su hermano Andrés, estaban Santiago y Juan, los hijos de Zebedeo, que eran también pescadores. Y ambas parejas de hermanos, dejando sus barcas y todo lo demás, desde ese momento se pusieron a mi servicio para anunciar el mensaje del nuevo reino de Dios.

No se asustaron ante una tarea que parecía imposible porque, lo mismo que en el caso de la pesca, tenían fe en mi y podían ver lo que otros no veían. En realidad, el mundo está lleno de milagros pero no todos los ven porque no todos tienen fe ni se esfuerzan para verlos.

Unos días después marché con ellos a recorrer los pueblos de Galilea anunciando mi mensaje. No habíamos salido aún de los confines de Cafarnaúm cuando fuimos sorprendidos por un leproso que, violando el aislamiento impuesto por la ley, se nos acercó y postrándose a mis pies exclamó:

— ¡Señor! Si quieres puedes limpiarme de mi enfermedad.

Mis discípulos, horrorizados, se alejaron dejándome solo frente a este pobre desgraciado a quien la ley y la sociedad imponía la obligación de mantenerse aislado en lugares solitarios y, si alguien se acercaba, gritar "¡Apartaos que soy un hombre impuro!"

Víctimas inocentes de la más espantosa enfermedad los leprosos eran tratados como si fueran piltrafas humanas, personificación de la impureza y objeto de la cólera de Dios.

Conmovido ante tanta injusticia y sufrimiento, me acerqué a él y levantándole del suelo le estreché entre mis brazos. No me había pedido nada pero su determinación y su audacia lo decían todo.

— ¡Quiero! — exclamé mirandole fijamente a los ojos. Y al instante le desapareció la lepra y quedó limpio.

Haciendo una señal con la mano llamé a mis discípulos para que se acercaran y fueran testigos de la misericordia de Dios para con esta pobre víctima de la sociedad y el pecado del mundo.

Ahogado por la emoción no podía hablar ni siquiera para darme las gracias. Le ordené severamente que no divulgase lo acaecido y que se presentase a un sacerdote para hacer constar su curación y ofrecer el sacrificio de purificación, tal y como estaba prescrito en la ley de Moisés para los casos rarísimos de curación de un leproso.

En su agradecimiento, no pudo ocultar lo ocurrido y desobedeciendo mi mandato se encaminó al pueblo para contar a todos lo sucedido. Como la noticia se extendió con rapidez tuve que retirarme a lugares apartados porque la gente comenzaba a preguntarse si no sería yo el Mesías esperado y acudía de todas partes para buscarme.

Aún no había llegado mi hora porque el pueblo aún no había comprendido mi mensaje y, en su entusiasmo, buscaban un líder militar y político. No era esa mi misión y tenía que cambiar primero su mente para hacerles ver que el reino de Dios no se conquista por el poder de las armas sino por la fuerza del amor.

Comentando luego lo sucedido con mis discípulos tuve la oportunidad de explicarles que el dolor y el sufrimiento del hombre son frutos del pecado pero no castigos de Dios.

Más que la curación les extrañó mi actitud ante el leproso y Simón, tratando quizá de justificar su conducta, preguntó:

— Maestro, ¿por qué desobedeciste la ley de Moisés que prohíbe acercarse a un leproso? ¿No es cierto que la lepra es una enfermedad contagiosa y el mandamiento de la ley tiene por objeto evitar que se propague?

— Así es en efecto — le respondí — la intención de la ley de Moisés es buena, pero hay otra ley mucho más sublime; es la ley del amor. Y esta ley nos pide compasión ante el dolor ajeno, especialmente en el caso del leproso que, a más de la terrible enfermedad de su cuerpo, padece el dolor de la incomprensión y el abandono. Dios nos comprende siempre y no nos abandona jamás, Simón. Ese es el ejemplo y la ley que debemos seguir siempre, porque el mandamiento divino del amor toma precedencia sobre todas las demás leyes, regulaciones y preceptos de los hombres.

CAPÍTULO VI

erminada nuestra gira misionera regresamos a Cafarnaúm y a insistencia de Simón me alojé en su casa. Pronto se corrió la noticia por todo el pueblo y acudió tal cantidad de gente que no sólo se llenó la casa sino que muchos esperaban fuera.

Sucedió que, mientras estaba hablando, trajeron en una camilla a un paralítico y viendo que no podían abrirse camino entre la gente apiñada a la puerta, decidieron subirle al techo y abriendo un agujero le bajaron hasta mi presencia. El ruido que hicieron y la conmoción que causó entre los asistentes me obligó a interrumpir mi predicación.

En aquel momento, no sabiendo cual admirar más, si la fe del enfermo o la determinación de los que le llevaban, me dirigí al paralítico y le dije:

— Tus pecados te son perdonados.

Entre la muchedumbre se encontraban algunos escribas y fariseos que habían venido de fuera de la ciudad, sin duda alguna para vigilarme, quienes apenas oyeron mis palabras exclamaron escandalizados:

— ¡Blasfemia! ¡Solamente Dios puede perdonar los pecados! ¡Este hombre es un blasfemo!

Dándome cuenta de lo que estaban pensando y la confusión que crearon entre mis oyentes, les pregunté:

— ¿Mis palabras os escandalizan? ¿Qué os parece más fácil, decir al paralítico: "Tus pecados son perdonados", o decirle: "Levántate y anda"?

Ante mi desafío guardaron un silencio embarazoso temiendo empeorar la situación pues conocían mi fama de taumaturgo.

No obteniendo respuesta, ordené al paralítico:

— Levántate, recoge tu camilla y vete a tu casa.

Ante el asombro de todos, el paralítico se levantó, recogió su camilla y se fue dando gritos de alabanza.

Mis palabras de perdón habían sonado en los oídos de los escribas y fariseos como una blasfemia escandalosa, por eso respondí a su acusación con un desafío cuya lógica les haría pensar sobre la garantía de mi mensaje. Sin embargo, ni mi argumento ni la curación milagrosa del enfermo les convenció aún cuando para ellos la enfermedad, especialmente si se trata de una enfermedad grave y crónica, es consecuencia del pecado y por lo tanto no hay posibilidad de curación mientras no le perdone Dios los pecados al enfermo. En su obcecación, prefirieron no razonar y, simplemente, acusarme de blasfemo.

Aún cuando eran muchos los que venían a escucharme no todos se atrevían a hacerlo; unos por prejuicios religiosos y otros por motivos sociales. Entre estos últimos estaba la persona más odiada en Cafarnaúm: Leví, publicano, recaudador de impuestos y objeto de maldiciones por parte de un pueblo para quien los impuestos son una doble abominación.

Doble porque al pago, quizá abusivo, del impuesto se añadía el hecho de herir sus sentimientos religiosos pues no aceptan otro rey que el Dios de Israel y, por tanto, pagar impuestos a otra autoridad humana es una ofensa a la soberanía divina. De ahí que los publicanos, encargados de recaudar los impuestos, eran considerados impuros y les estaba prohibida la entrada en la sinagoga. Prácticamente eran parias de la sociedad y ninguna persona decente podía acercarse a ellos, entrar en su casa o compartir su amistad sin contaminarse con su impureza.

Por eso no me extrañó la ausencia de Leví entre los que acudían a escuchar mi palabra; me extrañó, sin embargo, su interés por mi persona y mi mensaje. A cuantos podía preguntaba por mí pues le fascinaba lo que predicaba y las obras que hacía. Y en más de una ocasión observé que me seguía de lejos, sin atreverse a acercarse, temeroso quizá de ser rechazado.

Como el mensaje que yo predicaba era también para los pecadores y publicanos, decidí acudir a él. Me acerqué al lugar donde recaudaba los impuestos, y mirándole fijamente pude leer en sus ojos un deseo inmenso de regeneración.

Sin más, le dije: "Sígueme." Y esa sola palabra bastó para que, sin poner condiciones de ningún género, lo dejase todo y me siguiese.

Rebosante de alegría por haber encontrado la liberación de las cosas materiales que ahogaban su espíritu y deseoso de honrarme, organizó un suntuoso banquete al que invitó a sus amigos y colegas, publicanos y pecadores en su gran mayoría.

Como era de esperar, semejante reunión fue duramente censurada por los escribas y fariseos que me tenían ya bajo constante vigilancia y escrutinio.

Incapaces de entrar en la casa de tan notorio pecador para no contaminarse, esperaron pacientemente a la puerta acompañados por un grupo de piadosos simpatizantes hasta que, terminado el banquete, los invitados nos retiramos a descansar.

Ignorándome a mi, se acercaron a mis discípulos para hacerles observar el escándalo de mi conducta:

— ¡Cómo es posible que vosotros y vuestro maestro os rebajéis a comer y beber con publicanos y pecadores! — les increparon — ¿Es que ya no sentís el más mínimo respeto por la Ley?

Ellos callaron sin saber que responder, por lo que dirigiéndome a sus interrogadores, les pregunté:

— ¿No se os ocurre pensar que no son los sanos sino los enfermos los que necesitan del médico? Leed al menos la Escritura y aprender lo que significa: "Misericordia quiero, y no sacrificio". Porque no vine a llamar a los justos sino a los pecadores para que se conviertan.

No dándose por aludidos, para no tener que responder a mi pregunta, pasaron a la ofensiva argumentando desde su campo favorito: las prácticas de devoción y el ayuno.

— Los discípulos de Juan ayunan y se dedican a la oración. ¡En cambio los tuyos comen y beben! — me dijeron en tono acusatorio.

— ¿Es justo hacer ayunar a los invitados a una boda mientras el novio está con ellos? — les pregunté.

No respondieron, y pensando en el día de la separación, cuando sería arrebatado de mis discípulos dejándoles solos, añadí:

— Llegará el momento en que el novio les sea quitado; entonces ayunarán.

Conociendo la importancia que los fariseos dan al ayuno material, les hice esta pregunta:

— ¿Por qué insistís tanto en el ayuno material? ¿Podéis decirme qué frutos espirituales sacáis de ello?

Mi pregunta más que una acusación era casi una blasfemia para ellos, y no teniendo respuesta que dar comprendieron que no tenían nada que ganar con prolongar la discusión. Con grandes muestras de escándalo por mi ataque a sus tradiciones, se retiraron confiando hallar algún día algo más grave con que acusarme de nuevo.

No tardaron en hallarlo o al menos creer que lo habían hallado. Regresando un Sábado de una excursión misionera por la comarca, mis discípulos habían arrancado unas espigas de trigo con que matar el hambre y las estaban desgranando. Sucedió que un grupo de fariseos lo observaron e inmediatamente vinieron a mi para acusarles de violar el descanso sabático.

— ¿Cómo es que permites a tus discípulos hacer lo que está prohibido en Sábado?

En realidad lo que prohibe la Ley es el trabajo, que en este caso sería la siega de las mieses, no el arrancar unas cuantas espigas al pasar por un sembrado. Pero aún cuando pudiese considerarse "trabajo", siempre es lícito hacer excepciones de acuerdo con las circunstancias.

Basado en este principio y recordándoles el caso de David cuando huía temeroso de la ira de Saul, les hice a su vez esta pregunta:

— ¿No habéis leído lo que hizo David en aquella ocasión en la que estando hambrientos él y sus compañeros, entraron en el tabernáculo del templo y comieron los panes de la ofrenda que solo es lícito comer a los sacerdotes?

Del caso de David era fácil pasar al caso del Sábado y aplicar el mismo principio, pero declinaron contestar alegando que David era anterior a la fundación del fariseísmo y nada tenían que ver con ello. No obstante y para dejar sentado el principio, afirmé:

— El Sábado fue hecho para el hombre, y no el hombre para el Sábado. Y así como el hijo del hombre tiene autoridad para perdonar los pecados, también la tiene sobre el Sábado.

No hubo necesidad de probar una vez más mi afirmación pues, recordando quizá lo sucedido con el paralítico y el perdón de los pecados, prefirieron alejarse horrorizados por mi supuesta blasfemia.

Estando otro Sábado predicando en la sinagoga, había entre la concurrencia un hombre con una mano tullida y los fariseos, que buscaban una oportunidad para provocarme y acusarme públicamente, me preguntaron:

— ¿Es lícito curar a un enfermo en día de Sábado?

Nadie ponía en duda la santidad del día del Señor ni la validez del descanso sabático, precepto que aplicado en todo su rigor, como defendían los fariseos, implicaba la abstención de toda actividad humana, aún para defender la propia vida. En su ceguera no podían ver que la misma Ley permitía la circuncisión y ciertos actos buenos, como la curación "provisional" en casos donde había peligro inminente de muerte.

Consciente de que no podría convencerles con palabras, preferí contestarles con hechos. Y poniendo al hombre de la mano tullida en el medio, para que todos le vieran, le ordené:

— ¡Extiende tu mano!

Ante el asombro de la concurrencia y el escándalo de los fariseos, extendió la mano y quedó curado.

— ¡Hipócritas! — exclamé ofendido — ¿Quién de vosotros, si tiene una oveja y se le cae a un pozo en día de Sábado, no irá a sacarla? ¿No vale un hombre mucho más que una oveja? ¿Por qué me preguntáis si el lícito hacer el bien en Sábado?

Bastaba el más simple razonamiento para saber que si la Ley permite hacer el bien en Sábado, no puede ser ilícito curar a un enfermo en día de Sábado. Pero su mente estaba tan llena de prejuicios que, lo mismo que en el caso del paralítico descendido del techo, ya no les permitía ver ni razonar nada que fuese en contra de sus tradiciones.

Cansado y en busca de descanso, decidí regresar a Nazaret y pasar unos días en compañía de mi madre, mis familiares y amigos que, desde allí, habían seguido las noticias de cuanto había dicho y hecho en Cafarnaúm y su comarca.

Como de costumbre, el Sábado acudí a la sinagoga donde, terminada la oración, el rector me invitó a leer la Sagrada Escritura y hacer un comentario. Me dieron el libro del profeta Isaías abierto en el pasaje que dice:

"El espíritu del Señor está sobre mí, porque me ha consagrado para llevar a los pobres la buena noticia de la salvación; me ha enviado a anunciar la libertad a los presos y a dar vista a los ciegos, a liberar a los oprimidos y a proclamar un año de perdón."

Cerrando el libro, lo devolví al ayudante de la sinagoga y me senté. Observé que todos los presentes me miraban atentamente, curiosos por oír mi mensaje y comencé diciendo:

— Hoy mismo, en vuestra presencia, se acaba de cumplir esta profecía.

Todos quedaron admirados, pero con la admiración llegó el escándalo y mis paisanos comenzaron a murmurar:

— ¿No es Jesús, el carpintero del pueblo, hijo de José? ¿De dónde ha sacado estas ideas? ¿Cómo es posible que haga los milagros que dicen que hace en otros pueblos?

Impuso el rector silencio, y continué diciendo:

— Con razón suele decirse que el profeta es estimado en todas partes menos en su propio pueblo, entre sus familiares y amigos. Sin duda me aplicaréis el refrán: "Médico, cúrate a ti mismo." Haz aquí, en tu propio pueblo, todo eso que hemos oído decir que hiciste en Cafarnaúm.

Pude observar en sus rostros el disgusto producido por mis palabras, y añadí:

— Muchas viudas vivían en Israel en tiempos del profeta Elías, cuando por tres años y seis meses no cayó ni una gota de agua del cielo y hubo gran hambre en todo el país. Sin embargo, Elías no fue enviado a ninguna de ellas, sino a Sarepta, en la región de Sidón. Y muchos leprosos había en Israel en tiempos del profeta Eliseo, pero ninguno de ellos fue limpiado de su lepra, sino Naamán el sirio.

Al oír esto, convencidos de que no había regresado a Nazaret para favorecer a mis paisanos con toda clase de milagros y curaciones, todos los que estaban en la sinagoga se enfurecieron. A los gritos de protesta añadieron su repudio y me expulsaron del pueblo en medio de insultos y amenazas.

Fue muy doloroso para mi madre verme rechazado por mis propios familiares y paisanos, algunos de los cuales tuvieron la osadía de recriminarla por mi conducta "arrogante y despectiva". Sólo ella me comprendió y, como siempre, animó a seguir adelante para cumplir la misión que mi Padre Celestial me había encomendado.

CAPÍTULO VII

A los pocos meses de comenzar la vida pública, mi actividad misionera me había procurado muchos seguidores, entre los cuales escogí a doce para ser mis apóstoles. No eran hombres ricos ni intelectuales; eran gente de clase media, pescadores y agricultores a excepción de Leví.

Me habían visto realizar hechos extraordinarios y oído predicar una doctrina que los escribas y fariseos rechazaban escandalizados. Habían dejado todo por seguirme y no podía dudar de su lealtad pero su formación era totalmente insuficiente para dar una exposición de mi pensamiento.

Con ellos me retiré a la montaña a orar y, después de pasar la noche en oración con Dios, llamándoles junto a mí, les hablé diciendo:

— Bienaventurados los pobres de espíritu, hombres humildes y sencillos que no ponen su confianza en el dinero; de ellos es el reino de los cielos porque han comprendido que su felicidad y seguridad no está en las riquezas temporales sino en Dios eterno.

Bienaventurados los que lloran por sus pecados, porque ese llanto es el comienzo de su salvación; y al verles llorar, vendrá Dios a consolarles.

Bienaventurados los que anhelan la justicia con la misma ansiedad con que el hambriento busca un trozo de pan y el sediento un vaso de agua, porque Dios, en su infinita misericordia, valúa su esfuerzo más que sus logros.

Bienaventurados los misericordiosos, capaces de ponerse en el interior de los demás para ver con sus ojos, pensar con su mente y sentir con sus sentimientos, porque ellos alcanzarán misericordia divina.

Bienaventurados los limpios de corazón que ven a Dios en el mendigo que les extiende su mano, en el enfermo que sufre y en el amigo necesitado; bienaventurados porque ven a Dios ya en este mundo.

Bienaventurados los que siembran la paz con el ejemplo de una vida dedicada a los demás, que escuchan con amor y aconsejan sin egoísmo, que buscan más el comprender que ser comprendidos, que unen en lugar de dividir, porque ellos serán llamados hijos de Dios.

Bienaventurados los que padecen persecución por ser justos, por ser honestos y sinceros, por proclamar siempre la verdad guste o no guste, porque de ellos es el reino de los cielos.

Y a continuación, les informé:

Vosotros habéis sido escogidos por Dios para ser la sal del mundo que da sabor y hace atractiva la vida, enseñando a los demás mi mensaje de amor y esperanza. Pero si la sal pierde su sabor ¿cómo seguirá salando? Ya no sirve más que para ser arrojada y que la gente la pisotee. En verdad os digo que si con vuestra conducta ofrecéis al mundo el ejemplo de una vida insípida que desfigura mi mensaje, seréis como la sal que ha perdido su sabor y no sirve para nada.

Vosotros sois la luz del mundo. Brille vuestra luz entre los hombres para que viendo vuestras buenas obras glorifiquen a vuestro Padre que está en los cielos. Nadie enciende una lámpara para esconderla bajo la mesa; la luz es para verse. Mi mensaje no es para ocultarlo, sino para manifestarlo con el ejemplo de vuestra vida cotidiana. Como la luz que guía y alumbra el camino, así también vosotros con vuestra conducta tenéis que orientar y enseñar el camino a seguir.

No basta con ser buenos; hay que parecerlo. Pero yo os digo que quien hace el bien buscando la alabanza, la gratitud o el reconocimiento de los demás, no busca con ello la gloria de Dios sino la suya propia.

Andrés, uno de los primeros en seguirme, preguntó:

— Maestro, los fariseos te acusan de ignorar la Ley haciendo lo que está prohibido. Nosotros mismos te hemos oído cambiar algunos preceptos que nuestros padres observaron celosamente. ¿Significa eso que la Ley ha perdido su valor y debemos ignorarla?

— No penséis que yo he venido a anular la ley. Mi misión no es anularla sino darle su verdadero significado, purificándola de los miles de preceptos con que ha sido recargada por los escribas. ¿No te das cuenta, Andrés, que es poco menos que imposible distinguir entre lo que Dios ha mandado y lo que los hombres han añadido a sus mandamientos?

La Ley es la voluntad de Dios manifestada al hombre en sus diez mandamientos, no en los miles de preceptos añadidos por los hombres. Por eso os digo, si no cumplís la Ley mejor que los escribas y fariseos, no entraréis en el reino de los cielos.

— El mandamiento divino dice: "No matarás. El que mate, será llevado a juicio". Pero tu añades que también el que se irrita contra su hermano es reo de juicio. ¿No es eso añadir preceptos nuevos a la Ley de Dios? — volvió a preguntar Andrés, un tanto confundido.

— El espíritu de la Ley vé mas allá de los hechos materiales — le respondí — La ira y el desprecio a los demás es un crimen merecedor de condena eterna, pues si el matar el cuerpo es reprochable, no lo es menos matar el honor y la dignidad del hombre.

En verdad os digo, quien desprecia a su hermano, aunque no llegue a cometer un crimen con sus manos, ya lo cometió en su corazón. Por eso, si al ir a presentar una ofrenda ante el altar, te acuerdas que tu hermano tiene algo contra ti, deja allí mismo tu ofrenda, y ve primero a reconciliarte con él.

Igualmente — continué — dice la Ley: "No cometerás adulterio". Pero yo os digo que quien mira con malos deseos a la mujer de otro, ya adulteró en su corazón.

— ¿Cómo es posible, maestro — objetó Simón — castigar a un hombre por un delito que no llega a cometer?

— Porque el deseo conduce a la acción.

— ¿Es posible, maestro, suprimir el deseo?

— No es cuestión de suprimirlo sino de dominarlo, Simón. La tentación de la carne esta siempre presente porque la atracción sexual es algo natural y virtuoso cuando busca satisfacerse en el matrimonio; cuando se busca, en cambio, con una persona que no nos pertenece es ilícito, y si el deseo no es reprimido, ya se consumó en el corazón.

— Yo juré fidelidad a mi esposa, maestro, y jamás he faltado ni faltaré a lo que prometí con juramento delante del Señor.

— Se fiel a tu promesa y cumple siempre lo que prometiste, Simón. Pero yo os digo, no juréis en manera alguna para ganar credibilidad entre los hombres. La credibilidad se gana con el ejemplo de una conducta integra en la que basta el sí y el no. Tener que recurrir al soporte del juramento, poniendo a Dios por testigo de nuestro testimonio, acaba muchas veces por querer hacerle cómplice de nuestra mentira. La verdad no es cuestión de palabras sino de vida; no es para contarla sino para vivirla porque, al igual que la fe, la verdad que no se practica se convierte en error.

— Dice la Escritura que la verdad procede de Dios y el error del maligno. ¿Por qué no envía Dios fuego del cielo para acabar con los que defienden el error? — insinuó Juan.

— La verdad es intolerante con el error, Juan, pero no lo es con el que yerra. Recurrir a la violencia para defender la verdad, es alejarse de ella. Cuanto más nos acercamos a la verdad nos hacemos más humildes y comprensivos, porque nadie tiene monopolio de la verdad ni garantía contra el error.

— Si alguien testifica injustamente contra mí, me difama o hiere, ¿no tengo derecho a defenderme exigiendo ojo por ojo y diente por diente, como dice la Ley?

— Así dice la Ley, Juan, pero yo os digo, no recurráis a la violencia ni busquéis venganza contra el que os ofenda o haga daño porque el perdón es la mayor de las victorias. Vengándonos nos rebajamos al nivel del que nos ofendió, mientras que perdonando nos elevamos al plano de Dios.

En verdad os digo: Si queréis ser perfectos, amad a vuestros enemigos y orad por los que os persiguen; así seréis verdaderamente hijos de nuestro Padre que está en los cielos, pues él hace salir el sol sobre buenos y malos, y envía la lluvia sobre justos y pecadores.

Si solamente amáis a los que os aman, ¿qué recompensa podéis esperar? ¡Eso lo hacen también los pecadores! Vosotros, en cambio, debéis aspirar a ser perfectos como nuestro Padre celestial es perfecto.

— ¿Cómo es posible amar a los enemigos, maestro? ¡Eso es antinatural! — protestó Juan.

— No, Juan, no lo es — respondí — Amar a los que nos aman es natural; amar a nuestros enemigos es sobrenatural. El primer amor procede del corazón, el segundo de la voluntad. No es éste el amor afectivo con que se ama a un ser querido, sino el amor de benevolencia que venciendo nuestro instinto natural es capaz de responder el mal con el bien.

Así como la bondad no está en evitar el mal sino en hacer el bien, así también la perfección no está en no odiar sino en amar. En verdad os digo que quien ha aprendido a perdonar como Dios perdona y a amar como Dios ama, ha alcanzado ya la perfección.

Tras una breve pausa, continué advirtiéndoles:

— Guardaos de practicar vuestra religión delante de los hombres solo para que os vean, porque si obráis así no recibiréis recompensa alguna de vuestro Padre que está en los cielos. El que busca exhibir su generosidad por medio de la limosna recibirá como premio la alabanza de los hombres, pero no más. El que reza para impresionar a los hombres con su piedad, recibirá de ellos reputación de piadoso, pero no más. El que ayuna procurando que su privación deje huella visible en su rostro, recibirá como recompensa fama de ascetismo, pero no más.

¡Mal negocio hace quien renuncia a una recompensa en la eternidad para recibir una alabanza efímera en este mundo!

— ¿Qué debo hacer, maestro, para ganar una gran recompensa en la vida eterna? — preguntó Felipe.

— Quien practica la religión pensando solamente en la recompensa que vaya a recibir por sus acciones, tiene una idea errónea de Dios, Felipe. Dios no es un banquero a quien solo interesan los números. Quien así piensa y practica su religión, siempre obsesionado con la hoja de balance que presentar un día a Dios, se equivoca porque

Dios no conoce otra ley que la del amor. El que ama siempre se considera deudor; lo último que piensa es en la recompensa.

En verdad os digo: quien practica su religión buscando friamente el premio por sus obras, nunca lo recibirá. Mientras que quien obra el bien solamente por amor, sin pensar jamás en la recompensa, es quien lo recibirá, porque la recompensa divina es al mismo tiempo el resultado de su amor a Dios y al prójimo.

— ¿Cómo debo entonces practicar mi religión, maestro? — volvió a preguntar Felipe.

— Cuando des limosna, procura que tu mano izquierda no sepa lo que hace la derecha, para que tu limosna sea oculta, y tu Padre celestial, que ve lo oculto, te dará su recompensa. Pocas cosas hieren más que la limosna, Felipe. Recibir una limosna es una humillación que solamente el amor con que se da puede aliviar.

Es mejor dar que recibir, pero no es más fácil porque la única limosna que no hiere es la del que se identifica con el necesitado y comparte con él lo poco o mucho que tiene. Esa es la limosna perfecta en la que no cabe vanidad en el que la da, ni humillación en quien la recibe.

Cuando oréis — continué — no hagáis como los hipócritas, que les gusta orar de pie en las sinagogas y en los lugares públicos, para que todos les vean. Cuando oréis, hacedlo en la privacidad de vuestro cuarto porque la oración es un diálogo íntimo entre Dios y el hombre, y solamente en el silencio se oye la voz de Dios.

Al orar, no os pongáis a repetir muchas palabras, pensando que Dios os va a escuchar por hablar mucho. Dios no tiene interés en nuestra oratoria, sino en la sinceridad con que nos dirigimos a El. En verdad os digo, más agrada a Dios la oración silenciosa de un corazón sin palabras que las palabras que no brotan del corazón.

— Señor, enséñanos a orar — me suplicó Mateo.

— Cuando oréis — le respondí — decid así:

"Padre nuestro, que estás en los cielos." Ayúdanos a pensar en los demás seres humanos no como extraños sino como hermanos, miembros de una gran familia donde no cabe el odio ni el egoísmo, donde el crimen es fratricidio y el extraño no existe. Enséñanos a ver la vida que tu nos has dado como algo pasajero y efímero, porque nuestro hogar verdadero está en los cielos junto a Ti, para que ya en este mundo comencemos a disfrutar la vida eterna.

"Santificado sea tu nombre," porque solo tu eres santo y digno de toda reverencia.

"Venga a nosotros tu reino." Reino eterno de amor y bienaventuranza que perdimos por el pecado y hoy nos das la oportunidad de recuperar por medio del arrepentimiento. Reino de los que buscan cumplir tu voluntad en este mundo, como lo hacen los bienaventurados en el cielo.

"Que se cumpla tu voluntad en la tierra por amor, como se hace en el cielo." Amor que es obediencia del que obra sin temor ni egoísmo. Amor filial que no espera la orden, porque se adelanta buscando satisfacer los deseos del Padre. Amor que no conoce mandamiento demasiado pequeño ni sacrificio demasiado grande.

"Danos hoy el pan de cada día," dejando a tu cuidado y providencia el sustento de mañana. Pan, fruto de mi trabajo y de tu generosidad, que pueda compartir con el hermano hambriento.

"Perdónanos nuestras ofensas, así como nosotros perdonamos a los que nos ofenden y hacen daño." No es fácil perdonar la ofensa injusta; lo hacemos porque haciéndolo así nos acercamos más a ti. Ayúdanos para que nuestro perdón, como el tuyo, sea pronto, total e incondicional sin esperar a que quien nos ofendió se acerque a pedirnos perdón. Danos un corazón grande y generoso, porque el perdón es fruto del amor y perdonamos en la medida en que amamos.

"No nos dejes caer en la tentación." Ayúdanos para vencer las tentaciones del ambiente en que vivimos, de la oportunidad de ganar el mundo a costa de nuestra alma, y del maligno que se opone en nuestro caminar hacia ti.

— ¿Por qué permite Dios la tentación? — preguntó Simón.

— Porque la tentación pone a prueba nuestra lealtad, nuestra fuerza de carácter y nuestra capacidad de sacrificio para el bien. La tentación, Simón, no es una penalidad, sino una gloria; la gloria de hacernos mas hombres. Y al igual que el metal es sometido a prueba para evaluar su consistencia, así el hombre en la tentación es sometido a prueba para ver hasta dónde puede contar Dios con nosotros.

Presentándoles la necedad de los que pasan la vida acumulando bienes pasajeros, que al final de la jornada no sirven para nada, les dije:

— Nada material es permanente ni seguro, por eso los bienes de este mundo no pueden darnos la felicidad que el corazón ansía. No acumuléis riquezas en este mundo, porque se echan a perder y los ladrones las roban. Mas bien acumulad riquezas en el cielo, donde no se echan a perder y donde los ladrones no pueden robarlas. Pues donde esté vuestro tesoro, allí estará también vuestro corazón.

Cuando un hombre muere soléis preguntar qué bienes dejó. En verdad os digo: en el cielo los ángeles preguntan qué bienes envió por delante mientras vivía en el mundo, pues a la hora de la verdad son los únicos que cuentan.

— ¿Qué hay que hacer para acumular un tesoro en el cielo?, preguntó Judas Iscariote.

— Si queréis acumular un tesoro en el cielo, tenéis que convertir vuestro dinero en obras buenas ya que es la única moneda aceptada en el cielo. Recuerda, Judas, que la muerte no es el fin de la vida, sino el paso de la vida temporal a la vida eterna. Por eso, el hombre que vive su fe es el que sabe usar los bienes de este mundo para acumular un tesoro en el cielo. En cambio, quien no usa las riquezas de este mundo en provecho de los demás, impide que le aprovechen a él después en la eternidad.

— ¿Quiere decir eso que los ricos no pueden entrar en el reino de los cielos? — volvió a preguntarme.

— No necesariamente, Judas. Todo depende de cómo se use la riqueza, o cómo se acepte la pobreza. Hay muchos ricos que tienen su riqueza en la mano, siempre dispuestos a compartirla con el necesitado, y hay pobres materiales por necesidad y a regañadientes que son millonarios en avaricia y en deseos de riqueza. El dinero cuando se tiene en la mano no hace daño; cuando hace daño es cuando se tiene en el corazón.

Y viendo que algunos criticaban a Judas por su aparente interés por el dinero, les dije:

— Los ojos son la luz del cuerpo. Si tus ojos son limpios todo tú serás luminoso; pero si en tus ojos hay maldad, todo tú serás oscuridad. El ojo del hombre es como la ventana por la que entra la luz al cuerpo. Así como el color y condición del cristal de la ventana pueden cambiar el color de la luz que recibimos, también la luz que entra en nuestro corazón depende de la limpieza espiritual de nuestros ojos, porque nada ciega más ni desfigura la realidad como el prejuicio, los celos y el engreimiento.

El prejuicio nos impide ver las cosas como son, y la única manera de acabar con él en el mundo sería haciendo todos un examen propio de conciencia, porque es muy difícil hallar una persona totalmente libre de prejuicios.

No os dejéis llevar nunca por los celos, que engendran el odio y nos impiden amar; son malos consejeros y, de no extirparlos al principio, llegarán con el tiempo a cegaros de tal manera que difícilmente podréis ver la verdad.

¡Qué terrible es el engreimiento y qué necio el engreído! El engreimiento no sólo nos impide ver a los demás como realmente son, sino que nos impide vernos a nosotros mismos como realmente somos. El hombre engreído es ciego para las virtudes ajenas y los defectos propios; es incapaz de ver sus imperfecciones y por tanto es incapaz de mejorar.

¡Cuánto mejor sería el mundo si a la hora de juzgar a los demás buscásemos siempre el lado bueno, aunque a veces nos equivocásemos! Piensa mal y acertarás, suele decirse; pero yo os digo, piensa siempre bien porque aún cuando te equivoques tu generosidad te salvará.

En verdad, en verdad os digo: Nadie puede servir a dos señores al mismo tiempo, porque odiará al uno y amará al otro, o bien será fiel a uno y no hará caso al otro. No podéis servir a Dios y al dinero.

El que sirve al dinero se hace esclavo de las cosas materiales poniendo en ellas su corazón y su confianza; se olvida que el hombre puede comprarlas y venderlas, usarlas y transformarlas, pero no puede crear cosa alguna.

Todas las cosas pertenecen al Creador, quien las puso a disposición del hombre para que haga uso de ellas, pero no de la manera que quiera sino de la manera ordenada por El. Dios bendice el uso de los bienes materiales pero condena su abuso.

— Los hombres son capaces de robar y aún matar a sus semejantes por dinero, y para muchos es un ídolo al que sirven celosamente llegando a sacrificar por él su propia vida — añadió Leví, quien me preguntó intrigado — ¿por qué no prohíbe Dios el dinero?

— Porque el dinero, en sí, no es malo — respondí — lo que es malo es la avaricia que somete al hombre a la esclavitud del dinero. El tener dinero no es un pecado, es una grave responsabilidad. Quien se afana en su trabajo buscando con ello mejorar su condición; quien busca en el dinero una independencia económica para él y su familia; quien usa su riqueza para ayudar al menos afortunado y crear fuentes de trabajo, no está sino realizando los planes de Dios. Es el siervo bueno y fiel, que por ser fiel en lo poco su Señor pondrá a cargo de mucho más.

No andéis preocupados pensando que vais a comer para poder vivir, o con que ropa vais a cubrir vuestro cuerpo. ¿No vale la vida más que la comida, y el cuerpo más que la ropa?

Mirad los pájaros: no siembran, ni cosechan y, sin embargo, vuestro Padre celestial los alimenta. ¡Vosotros valéis más que los pájaros!

¿Por qué preocuparos a causa de la ropa? Aprended de los lirios del campo. No trabajan, ni hilan y, sin embargo, ni el rey Salomón, con todo su esplendor, llegó a vestirse como uno de ellos.

Si Dios viste así a la hierba del campo, que hoy está verde y mañana es arrojada al fuego, ¿no hará mucho más por vosotros, hombres de poca fe?

En verdad os digo: No os preocupéis pensando que vais a comer, o con qué vais a vestiros, pues esas son las cosas que preocupan a los que no conocen a Dios. Vuestro Padre celestial ya sabe que las necesitáis.

Vosotros, antes que nada, buscad el reino de Dios y todo lo justo y bueno que hay en él, y el Creador que os dio la vida os dará también los medios de mantenerla.

No os inquietéis hoy por el día de mañana, que el día de mañana ya traerá sus propias inquietudes.

— Si las Sagradas Escrituras alaban al hombre precavido que ahorra pensando en el mañana, ¿cómo es posible, maestro, que Dios condene a quien se afana por proveer para el futuro? — protestó Simón.

— No es el proveer para el mañana lo que Dios condena — le respondí — sino la angustia, la inquietud, la preocupación por el mañana, es decir, la falta de confianza en él. ¿Se preocupa el niño alguna vez pensando qué comerá mañana o de dónde le va a venir el alimento? No, Simón, no. El niño confía totalmente en su padre, y da por supuesto que no le va a faltar.

Por eso os digo, si no os hacéis como niños, y ponéis vuestra confianza inquebrantable en vuestro Padre celestial, no entraréis en el reino de los cielos.

Viendo que mis palabras fueron motivo de criticas aplicándolas a los demás, les amonesté diciendo:

— Es mas fácil juzgar y condenar al prójimo que a nosotros mismos porque es más fácil ver los defectos de los demás que los nuestros propios. Por eso yo os digo: No juzguéis a nadie, para que Dios no os juzgue a vosotros. Porque del mismo modo que juzguéis a los demás, os juzgará El a vosotros, y os medirá con la misma medida con que vosotros midáis a los demás.

¿Por qué te fijas en la paja que tiene tu hermano en su ojo y no te fijas en la viga que tienes tú en el tuyo? ¡Hipócrita! Saca primero la viga de tu ojo, y entonces podrás ver con claridad para sacar la paja del ojo de tu hermano.

Solamente el hipócrita tiene la arrogancia de constituirse en juez de los demás. Y así juzga por impulso y condena sin tener en cuenta las dificultades y flaquezas del prójimo, ni preocuparse por conocer las circunstancias y motivos que le movieron a obrar como lo hizo.

En verdad os digo: Solamente quien carezca de faltas propias puede juzgar las ajenas. Solamente el hombre perfecto podría condenar al pecador, pero al hacerlo se convertiría en uno más. Pues así como la crítica del ignorante no nos hace sabios, tampoco la condena del pecador nos hace justos.

— ¿Hay alguna regla, maestro, para obrar siempre con justicia y no hacer daño a los demás?, preguntó Tadeo.

— Haced en todo a los demás lo mismo que queréis que los demás os hagan a vosotros. Ahí está comprendida toda la Ley, porque hacer lo mismo significa identificarse con el que llora, compartir el pan con el hambriento y buscar al amigo en desgracia sintiendo con él y padeciendo con él. Es ayudar desde dentro, no desde fuera; como quien siente y padece, no como espectador por muy generosa que sea nuestra asistencia.

Ante el hermano necesitado, la pregunta que debéis haceros siempre no es qué puedo hacer por él, sino qué quisiera que hiciesen por mí si estuviera en su lugar.

Conocedor de la naturaleza humana y sabiendo que junto a los verdaderos profetas abundarían también los embaucadores, capaces de seducir al pueblo sencillo, les advertí diciendo:

— ¡Guardaos de los falsos profetas que se hacen pasar por inocentes ovejas, cuando en realidad son lobos rapaces!

— ¿Cómo podremos distinguirlos, maestro?, preguntó Simón.

— Por sus frutos los conoceréis, pues así como el árbol bueno no puede dar frutos malos, tampoco el árbol malo puede dar frutos buenos. Quien no predica con el ejemplo lo que predica con la palabra, no es auténtico mensajero del reino de Dios. Quien busca prestigio o trata de explotar la generosidad del pueblo sencillo para su propio provecho, no es verdadero profeta.

En verdad os digo: No todo el que predica en el nombre del Señor, entrará en el reino de los cielos, sino el que hace la voluntad de nuestro Padre que está en los cielos. Predicar con la palabra más que con el ejemplo, abusando del nombre de Dios para imponer cargas sobre los demás que ellos ni siquiera intentan llevar, es la mayor injusticia. ¿Cabe mayor injusticia que la de hablar y no hacer, pretender y no ser?

En el día del juicio dirán: "Señor, Señor, mira que en tu nombre hemos anunciado el mensaje del reino."

Sin embargo, Dios les contestará: "Nunca os conocí. Palabras no bastan, ¿dónde están vuestros frutos? ¡Apartaos de mí, obradores de iniquidad."

En verdad os digo: Entrad por la puerta estrecha, porque la puerta que conduce a la perdición es ancha y el camino fácil, y muchos son los que pasan por ella. En cambio, la puerta por donde se va a la vida eterna es estrecha, y son pocos los que la encuentran.

El camino a seguir depende de vosotros porque Dios, que hizo el hombre a su imagen y semejanza, le dio el libre albedrío para que usándolo pueda, con su gracia, elevarse hasta el cielo o hundirse para siempre en el abismo.

El destino y la gloria del hombre es tener que en cada acción escoger el camino a seguir. ¡Terrible responsabilidad la del hombre que usa su libertad para escoger el camino cómodo y fácil que lleva a la perdición!

— Maestro, el espíritu está pronto pero la carne es débil. ¿Qué puedo hacer para que cuando llegue el huracán de la tentación o las pasiones no caiga?, preguntó Pedro inseguro de si mismo.

— El que escucha mis palabras y obra en consecuencia, es como el hombre sensato que construyó su casa sobre un cimiento de roca viva. Vinieron las lluvias torrenciales, se desbordaron los ríos y los vientos soplaron violentamente sobre la casa; pero no cayó, porque estaba construida sobre una base inconmovible. Nada ni nadie le hará titubear.

En cambio, el que escucha mis palabras, pero no obra en consecuencia, puede compararse a un hombre necio que construyó su casa sobre un terreno arenoso. Vinieron las lluvias, se desbordaron los ríos y los vientos soplaron violentamente sobre la casa; la casa se hundió, y fue grande su desastre.

¿Cómo podéis decir que creéis en mí si no ponéis por obra lo que yo os digo? Es la necedad del sabio que no practica lo que sabe, o del enfermo que decide ignorar los consejos del médico. Su fin es el mismo: la ruina.

Escuchar y obrar son dos palabras que sumadas pueden reducirse a una sola: obediencia. La obediencia fue la primera ley que el hombre recibió de Dios en el paraíso. La desobediencia fue el primer pecado del hombre y la mayor tragedia de la humanidad.

En verdad os digo: No hay libertad sin obediencia. El libertinaje es fruto del odio y conduce a la opresión. La obediencia es producto del amor y garantiza la libertad. Libertad para evitar la esclavitud del vicio y hacer el bien; libertad para escuchar sin prejuicios la palabra de Dios y ponerla en práctica; libertad para obedecer y amar a Dios, porque la obediencia es a su vez la prueba mas sublime de nuestro amor.

Los doce escogidos eran: Simón, a quien después cambiaría su nombre por el de Pedro. Andrés, su hermano. Santiago y Juan, los hijos de Zebedeo. Felipe, Bartolomé (Natanael), Tomas, Leví también llamado Mateo, Santiago hijo de Alfeo, Judas Tadeo, Simón el Cananeo y Judas Iscariote.

CAPÍTULO VIII

mi regreso a Cafarnaúm me vino a ver una delegación de ancianos enviada por el centurión que estaba al frente de la guarnición militar de la ciudad. Me dijeron que tenía un esclavo gravemente enfermo y que, impresionado por mis obras, me rogaba que fuese a curarle antes de que muriese pues tenía fe en mi.

Conociendo el escaso valor que los romanos dan a un esclavo, me llamó la atención la actitud tan humanitaria de este oficial. Sin duda alguna se trataba de un hombre extraordinario, y su compasión me movió a interesarme por el enfermo.

Los ancianos que intercedían por él me hablaron de su bondad y buena disposición hacia el judaísmo, al punto de que siendo pagano había hecho construir a su costa una sinagoga.

— Este hombre merece que le ayudes — me decían — porque ama de verdad a nuestro pueblo.

Decidí ir a curar a su esclavo acompañado de los ancianos y, he aquí que estando a la vista de su casa, nos salió a recibir en la calle porque, siendo pagano, no quería obligarme a entrar en su casa para no contaminarme. Tal era su respeto para con las leyes judías, según había aprendido por la conducta de los fariseos.

De ahí que, respetuosamente, me dijese:

— Señor, no quiero causarte molestia alguna. No soy digno de que entres en mi casa, pero sé que basta una palabra tuya para curar a mi esclavo, porque yo que estoy sujeto a la autoridad de mis superiores, a la vez tengo soldados a mi mando y si a uno le digo: "Vete", va; y si le digo a otro: "Ven", viene. Y si le digo a mi asistente: "Haz esto", lo hace.

¡Cuánto admiré la fe de este hombre! Tanto que volviéndome a mis acompañantes, no pude menos de exclamar:

— ¡No he encontrado en Israel a nadie con una fe tan grande! Os advierto que vendrán muchos de oriente y occidente y se sentarán a la mesa con Abraham, Isaac y Jacob en el reino de Dios. En cambio, muchos que fueron llamados primero serán echados fuera y allí, en la oscuridad, llorarán y rechinarán los dientes.

Dirigiéndome al centurión, le dije:

— Vete a tu casa y se hará como has creído.

Al entrar en su casa, su esclavo quedó curado.

No duró mucho tiempo la predicación de Juan pues sus palabras valientes, exigiendo obras de arrepentimiento, muy pronto chocaron contra la actitud intransigente y puritana de los fariseos que no estaban dispuestos a cambiar porque no estaban dispuestos a admitir que lo necesitaban.

— ¡Raza de víboras! — les decía — ¿Quien os ha enseñado a huir de la ira divina? Convertíos y haced penitencia. No os hagáis ilusiones pensando que sois descendientes de Abraham, porque Dios puede hacer que de estas piedras le broten descendientes a Abraham. Os aviso que ya está el hacha preparada para cortar de raíz los árboles, y todo árbol que no dé buen fruto será cortado y echado al fuego.

Por eso cuando, unas semanas antes, me informaron que Juan había sido encarcelado por reprobar los escándalos de la corte de Herodes Antipas, supuse que los fariseos no habían estado del todo ajenos a su prisión.

Sea cual fuere la razón, Juan se impacientaba en la prisión de Maqueronte sin más comunicación con el exterior que las visitas que, de vez en cuando, permitían a sus discípulos. Por ellos estaba Juan informado del progreso de mi misión y las obras que hacía. Ellas confirmaban el testimonio que dio de mi, pero sin duda alguna confundía a sus discípulos el hecho de que yo no me hubiera proclamado públicamente Mesías. De ahí que Juan les enviase para preguntarme en su nombre:

— ¿Eres tú el que ha de venir o debemos esperar a otro?

No podía negarlo pero tampoco afirmarlo explícitamente como ellos deseaban, porque aún no había llegado la hora.

Aprovechando que en su presencia acababa de curar algunos enfermos, les dije por respuesta:

— Id y contadle a Juan lo que habéis visto y oído: los ciegos ven, los sordos oyen, los cojos andan, los leprosos quedan limpios de su enfermedad y los pobres reciben el mensaje de salvación.

No respondí con palabras, como esperaban, pero si con el testimonio de los hechos mesiánicos que siglos antes habían sido profetizados por Isaías. Después que se fueron, pregunté a la gente que me rodeaba:

— Cuando fuisteis a ver a Juan al desierto ¿qué esperabais encontrar? ¿Una caña agitada por el viento? ¿O esperabais encontrar un hombre ricamente vestido? Los que visten con lujo viven en los palacios reales, por eso os pregunto: ¿qué esperabais encontrar? ¿Un profeta? En verdad os digo que Juan es más que un profeta. El es de quien dice la Escritura: "Yo envío mi mensajero delante de ti para que te prepare el camino." Por eso no hay en el mundo hombre alguno mayor que Juan, aunque el más pequeño en el reino de los cielos es mayor que él.

Mi testimonio sobre Juan fue bien recibido por la gente sencilla que me escuchaba, pues todos ellos, incluido los publicanos, reconocían que su mensaje venía de Dios. Solamente los escribas y fariseos se negaron a aceptar el bautismo de Juan, rechazando así el mensaje que Dios les enviaba.

Refiriéndome a ellos, dije:

— ¿A quien podremos compararles? Se parecen a los niños que juegan en la calle imitando a los cortejos nupciales y fúnebres, y se gritan unos a otros: "¡Os hemos tocado la flauta y no habéis querido bailar; os hemos cantado canciones tristes, y no habéis querido llorar!". Porque vino Juan el Bautista, que ni comía ni bebía, y los escribas y fariseos dijeron de él: "¡Está endemoniado!" Vine yo que como y bebo, y dicen de mí: "¡Es un glotón y un borracho, amigo de andar con publicanos y pecadores!" Realmente se cumple en este caso el proverbio que dice: "la sabiduría es de los que saben hacer uso de ella".

Sucedió después que, visitando un pueblo del sur de Galilea, me invitó a comer en su casa un rico fariseo de nombre Simón. Temeroso, quizá, de acudir a mí en público quería escuchar mi mensaje en la privacidad de su hogar.

Terminada la comida, cuando ya los criados se retiraban para dar a mi anfitrión y sus invitados la oportunidad de dialogar conmigo a solas sin temor a ser oídos, he aquí que de pronto hizo su aparición en la sala donde estábamos reclinados, una mujer de mala reputación que abriéndose paso llegó hasta mi.

Ante el asombro de los comensales y sin decir nada se arrodilló detrás de mi, abrió un frasco de alabastro lleno de perfume y lo derramó sobre mis pies. Volví mi rostro y vi que estaba llorando; con sus lágrimas bañaba mis pies y los secaba con sus cabellos.

Yo no la conocía, pero la risa burlona de Simón lo decía todo. En ella podía leer su razonamiento: "Si este fuera un profeta, sabría que clase de mujer es la que le está tocando."

— Simón — le dije — había una vez un acreedor que tenía dos deudores, uno de los cuales le debía diez veces más que el otro. Como ninguno de los dos podía pagarle, les perdonó a los dos su deuda. ¿Cual de los dos te parece que amará más a su acreedor?

— Me imagino que aquel a quien perdonó la deuda mayor — me contestó.

— Así es — le respondí.

Y señalando a la mujer, añadí:

— Cuando llegué a tu casa, no me ofreciste agua para los pies; ella en cambio me los ha bañado con sus lágrimas y me los ha secado con sus cabellos. No me diste el beso de bienvenida, en cambio ella no ha cesado de besarme los pies. Tampoco ungiste con óleo mi cabeza, pero ella ha derramado perfume sobre mis pies. Por eso te digo, Simón, que si esta mujer demuestra tanto amor, es porque se le han perdonado muchos pecados. En cambio a quien poco se perdona, poco amor manifiesta.

Luego me contó esta mujer lo que yo me había ya imaginado. Confundida entre la muchedumbre se había atrevido a acercarse para escuchar mi mensaje. Mis palabras de amor y de perdón para los que se arrepienten y buscan a Dios, le habían abierto la puerta a una vida nueva llena de esperanza. Despreciada y abusada de los hombres al fin encontró en Dios el amor que durante años había buscado sin llegar nunca a encontrar.

Lo que le trajo a casa de Simón fue un deseo irresistible de mostrar su arrepentimiento con sus lágrimas y su gratitud con el ofrecimiento del perfume más valioso que tenía.

Movido por su acción, le aseguré:

— Mujer, tus pecados están perdonados.

Guardó silencio Simón, avergonzado por su conducta. Ya no había en su rostro muestra alguna de burla ni de escándalo; solo una santa envidia por no ser capaz de amar como ella amaba.

Levantando del suelo a la mujer, le dije:

— Tu fe te ha salvado. Vete en paz y proclama en todas partes el amor de Dios que te ha perdonado y abierto las puertas de su reino.

CAPÍTULO IX

A los doce apóstoles que poco antes había elegido, se añadió un grupo de simpatizantes y personas agradecidas que nos acompañaban periódicamente en mis recorridos misioneros.

Entre ellas se encontraban algunas mujeres piadosas como María de Magdala; Juana, mujer de Cuza, administrador de Herodes; Susana y otras más que nos asistían con sus propios recursos y servicios personales.

Con ellos deambulaba de pueblo en pueblo, anunciando la buena nueva del reino de Dios al aire libre, ya que la oposición de los escribas y fariseos me había cerrado las puertas de las sinagogas.

Donde quiera que iba acudía la gente atraída no solamente por mi enseñanza sino también por mi fama de taumaturgo y hombre compasivo. Apenas podía entrar en una casa buscando descanso o hacer un alto en el camino, porque enseguida se reunía una multitud de personas al punto de no tener tiempo para tomar alimento.

— ¡Maestro, tienes que comer! — me regañó un día Simón, ofreciéndome un pescado que él mismo había preparado para mi.

— Simón, Simón — le respondí agradecido — mi comida es hacer la voluntad del Padre que me envió.

Semejante actividad llamó la atención de muchas personas que, no comprendiendo la urgencia de mi misión, decían que "había perdido el juicio". Eso llegó a oídos de mis parientes algunos de los cuales, poniendo en duda mi salud mental, vinieron un día a buscarme, reprochándome por "un celo exagerado" que no estaban dispuestos a tolerar.

Me encontraba predicando, rodeado por una multitud que escuchaba entusiasmada mi mensaje, cuando Simón interrumpió mi discurso para anunciarme que una delegación de mis parientes, acompañados por mi madre, acaba de llegar y querían hablar conmigo.

Ofendido por su atrevimiento y, más aún, por utilizar a mi madre para hacerme desistir de mi misión, pregunté en alta voz para que todos pudieran oírlo:

— ¿Quien es mi madre y quienes son mis hermanos?

Y señalando con la mano al grupo de mis discípulos, que tenían fe en mi y fueron capaces de dejarlo todo por seguirme, dije;

— Estos son mi madre y mis hermanos, porque todo el que hace la voluntad de mi Padre que está en los cielos es mi hermano, mi hermana y mi madre.

Mucho debió de ofenderles la respuesta a mis parientes pues, sin llegar a acercarse a mi, se volvieron a Nazaret, criticando mi conducta y desprecio para con ellos.

Al verles marchar me imaginaba el dolor de mi madre, no por mis palabras que ella sin duda comprendía sino por tener que soportar la incomprensión y el lenguaje abusivo al que fui sometido por los miembros de mi propia familia.

En aquellos días me llegó la noticia de la muerte de Juan el Bautista, ejecutado por orden del rey Herodes Antipas a instigación de Herodías quien no podía tolerar que Juan, desde la celda de su prisión, siguiese acusándola de concubinato, por su matrimonio incestuoso e ilícito.

Siempre al acecho para deshacerse de su acusador, Herodías aprovechó la oportunidad que se le brindó con ocasión del cumpleaños de Herodes, a cuya fiesta habían sido invitados los personajes más notables de la corte.

Tenía Herodías una hija de su verdadero esposo, llamada Salomé, quien era una hábil bailarina y cuando los comensales estaban con el cerebro nublado por el vino salió a ejecutar una de sus danzas favoritas. Tanto gustó a los invitados su actuación que el rey en su entusiasmo prometió darle lo que pidiese, aunque fuera la mitad de su reino.

Astutamente acudió a su madre, quien le aconsejó pedir la cabeza de Juan en una bandeja de plata. No esperaba Herodes semejante petición cuando le hizo su ofrecimiento pues no quería su muerte, en parte por un cierto temor supersticioso y en parte porque se entretenía conversando con Juan a quien, en cierto modo, respetaba por el prestigio que tenía entre el pueblo.

Angustiado por la petición de Salomé, pero temeroso de negárselo pues se lo había ofrecido públicamente y bajo juramento, ordenó Herodes se cumpliese el deseo de Salomé y minutos más tarde se presentó el verdugo en la sala donde se celebraba el festín con la cabeza ensangrentada del bautista.

Mucho lamenté la muerte de Juan, víctima del odio de una mujer que no podía enfrentarse a la verdad y la debilidad de un hombre que temía más la crítica de los demás que la voz de su conciencia.

Triste y preocupado me retiré a un lugar desierto para poder meditar a solas con mi Padre celestial, pero no pasó desapercibida mi ausencia y pronto salió en mi búsqueda la gente que había acudido para escuchar mi mensaje y que curase a sus enfermos.

Me buscaron por la comarca hasta que, al fin, dieron conmigo y movido a compasión curé a los enfermos en nombre de Dios cuyo amor premiaba de esta manera la fe que habían puesto en mi.

La gente estaba asombrada al ver que los cojos andaban, los ciegos veían, los mudos hablaban y los enfermos recobraban la salud perdida, y todos alababan al Dios de Israel que les había enviado un profeta.

Ansiosos de oír mi palabra no se separaban de mi y, al cabo de tres días, sabiendo que algunos habían venido de lejos y ahora se encontraban ya sin alimentos, ordené a mis discípulos que les dieran de comer, pues temía que si se iban en ayunas podían desfallecer en el camino.

— Maestro, estamos en un lugar muy apartado, ¿de dónde vamos a sacar pan para dar de comer a tanta gente? — observó Judas, que administraba los escasos fondos de que disponíamos.

— ¿Cuantos panes tenéis? — les pregunté.

— Siete, y unos cuantos peces — me contestaron.

Seguro de que nuestro Padre celestial no nos iba a dejar desfallecer por falta de alimentos, tomando los panes y los peces que teníamos los bendije y se los dí para que los distribuyesen entre los que no tenían provisiones que comer.

Así se hizo y el ejemplo de nuestro desprendimiento, al dar lo poco que teníamos, logró vencer el egoísmo de los que aún tenían algunas reservas e hizo que las compartiesen con los demás.

No fue mayor el milagro de la multiplicación de los panes y los peces que el de la victoria sobre el egoísmo humano gracias a lo cual hubo alimentos para todos y nadie marchó hambriento.

Despidiéndome de la multitud, me retiré con mis discípulos a la orilla del lago y montando en el barco de Simón navegamos hasta la región de Genesaret.

Al descender del barco, se dieron cuenta que no habían llevado provisiones para comer. Quizá por eso, cuando más tarde les advertí: "Tened cuidado con la levadura de los fariseos", comentaban entre sí:

— Esto nos lo dice porque no hemos traído pan.

Extrañado por su errónea interpretación, les reproché:

— ¿Por qué estáis comentando que os falta el pan? ¡Lo que os falta es fe! ¿Aún no sois capaces de entenderme? ¿Ya os habéis olvidado de los panes y los peces que repartisteis a la gente? ¿Cómo es que no me entendéis cuando os digo que debéis cuidaros de la levadura de los fariseos?

Entonces se dieron cuenta de que no les reprochaba por la falta de pan, sino que me refería a la mala influencia de los fariseos al convertir la religión en un formulismo externo que no brota del corazón.

Cuando llegamos a la región de Cesarea de Filipos, comentando la muerte de Juan el bautista, pregunté a mis discípulos:

— ¿Quién dice la gente que soy yo?

Me contestaron:

— Unos dicen que Elías y otros que Jeremías o algún otro profeta.

— Y vosotros — les pregunté — ¿quién decís que soy?

A lo que Simón respondió:

— ¡Tu eres el Mesías, el Hijo de Dios vivo!

Movido por su testimonio de fe, exclamé:

— ¡Bienaventurado eres, Simón hijo de Jonás, porque ningún hombre te lo ha revelado, sino mi Padre que está en los cielos! Por eso te digo que tu eres Pedro, y sobre esta piedra edificaré mi Iglesia, y el poder del maligno no prevalecerá contra ella. Yo te daré las llaves del reino de los cielos de manera que lo que ates en la tierra quedará atado en el cielo, y lo que desatares en la tierra quedará desatado en los cielos.

El testimonio de Simón y mi respuesta cogieron por sorpresa a los demás apóstoles y no supieron reaccionar. Todavía yo no era para ellos más que el Mesías enviado por Dios para liberar a Israel y fundar su nuevo reino en la tierra, y ni siquiera Simón llegó a comprender el verdadero alcance de lo que la revelación de mi Padre significaba. Por eso les ordené que no lo comentaran con nadie hasta que llegase la hora de mi glorificación.

De ahí en adelante Simón fue conocido por el nombre de Pedro, que significa piedra o roca.

CAPÍTULO X

Ocurrió que cierto día, cuando los campesinos de Galilea aprovechaban las primeras lluvias de otoño para sembrar los campos de trigo, me encontraba en la ladera de una colina anunciando la llegada del nuevo reino a un grupo numeroso de personas que habían acudido a escuchar mi palabra, y observando un sembrador que se divisaba en la lejanía les dije:

— El reino de Dios se asemeja a un sembrador que al lanzar la semilla, una parte cayó al borde del camino, donde los caminantes la pisotearon y los pájaros la comieron. Otra parte cayó en terreno pedregoso donde había poca tierra; la semilla brotó muy pronto, pero con el calor del sol se secó porque apenas tenía raíz. Otra parte de la semilla cayó en tierra profunda, pero no bien preparada, y junto con la semilla crecieron cardos y espinas que al fin la sofocaron. Otra parte cayó en tierra fértil, y dio abundante fruto: unas espigas dieron el treinta por uno, otras el sesenta y algunas hasta el ciento por uno.

Como el pueblo judío esperaba un Mesías conquistador que instalase el reino de Dios súbita y fulminantemente, fueron muchos los que no entendieron el significado de la parábola. Tanto que hasta mis discípulos me pidieron una explicación.

El sembrador — les dije — es todo el que anuncia el reino de Dios. La semilla caída en el pavimento endurecido del camino es la palabra de Dios que llega a oyentes mal dispuestos y la reciben con los oídos, pero no con el corazón; gente de mente cerrada, impenetrable para todo lo que no quieren oír, a quienes el orgullo les impide salir del error y su mala conducta les ciega para no ver la verdad que les condena.

La semilla caída en terreno pedregoso es la palabra de Dios que se recibe con júbilo momentáneo, pero a la primera contrariedad se abandona; gente superficial y sin raíces, a merced de cualquier impulso, que todo lo empiezan pero no terminan nada.

La semilla caída entre cardos y espinas es la palabra de Dios que llega a los hombres agobiados por las pasiones y cuidados del mundo, quienes la guardan por algún tiempo en su corazón para luego sofocarla bajo el peso de sus intereses materiales; gente ocupada en tantas cosas que se olvidan de la más importante de todas.

Finalmente, la semilla caída en buen terreno es la palabra de Dios recibida por un corazón bien dispuesto, siempre abierto para recibir la verdad; gente buena que al deseo añade la acción.

En verdad os digo: bienaventurados los que escuchan la palabra de Dios y la ponen por obra, porque de ellos es el reino de los cielos.

— Maestro, ¿no es cierto que cuando llegue la hora — y sabemos que está a punto de llegar — el nuevo reino de Dios será instaurado por el Mesías de una manera fulminante e irresistible? — me preguntó Judas buscando en mi respuesta la confirmación de sus ideas nacionalistas.

Le respondí diciendo:

— Cuando el sembrador arroja la semilla en el campo, sabe que toma tiempo en germinar y crecer hasta dar fruto. Día a día observa como primero brota la hierba, luego se forma la espiga y finalmente el grano que llena la espiga, tanto si duerme como si está despierto, de noche como de día, sin llegar a entender como germina y crece la espiga. Así también, por la fuerza que le viene de lo alto, el reino de Dios irá creciendo entre los hombres que reciben mi palabra y la ponen por obra. El hombre puede sembrar la semilla, pero no puede crearla; igualmente puede aceptar o rechazar el reino de Dios, pero no puede crearlo ni podrá tampoco destruirlo.

— La semilla crece lentamente, maestro. ¿Cuanto tiempo hará falta para instalar el nuevo reino de Dios? — preguntó contrariado.

— Los seres humanos están sujetos al tiempo, pero Dios es eterno; para El mil años son como el día de ayer que ya pasó. El que siembra sabe que hay un tiempo de sementera que no puede perder y un tiempo de espera en el que cuidar la semilla para recibir fruto abundante. En verdad os digo, el tiempo de la espera es limitado, pero el fruto de la cosecha durará eternamente.

— Siendo la semilla una cosa tan pequeña y la espiga algo tan frágil, ¿dónde está la fuerza y grandeza del reino de Dios? ¿No dice la Escritura que será un reino universal y poderoso? — protestó Judas molesto por la comparación que acababa de hacer.

— ¿No es cierto que el grano de mostaza es la mas pequeña de todas las semillas? — le pregunté a mi vez — Sin embargo, luego crece más que las otras plantas del huerto y llega a hacerse como un árbol al punto de que en sus ramas anidan los pájaros. Igualmente el reino de Dios en la tierra tendrá un comienzo muy pequeño pero un fin muy grande, llegando a abarcar con sus ramas a todos los pueblos del mundo.

— ¿Cuántos hombres se necesitan para instaurar el reino de Dios en la tierra, maestro? — preguntó Simón.

— Para comenzar el reino en la tierra no necesita Dios más que un solo hombre.

— ¿Y qué puede hacer un solo hombre?

— Lo mismo que hace la levadura cuando se mezcla con la masa de harina; basta un poco de levadura para que toda ella fermente. Así también cada uno de vosotros, mediante el poder de la palabra y el ejemplo, puede transformar la sociedad y crear un pueblo nuevo donde reine el amor y se cumpla en todo la voluntad de Dios entre los hombres.

Exhortando en otra ocasión a un grupo de mercaderes y campesinos que buscaban el reino, les dije:

En verdad, en verdad os digo, que el reino de Dios está ya en medio de vosotros; es como un tesoro escondido en un campo que quien lo encuentra vuelve a esconderlo de nuevo; luego, lleno de alegría, vende todo lo que tiene y compra aquel campo.

Es como una perla de valor incalculable que encuentra un comerciante en perlas finas y, conocedor de su valor, vende todo lo que tiene y la compra.

Solamente quien conoce y aprecia el valor de una joya, está dispuesto a cambiar todo lo que tiene por conseguirla; solamente quien valúa y busca el reino de Dios lo conseguirá porque sabe que todo lo que deja por conseguirlo es mucho menos valioso que lo que adquiere.

— Maestro, ¿tengo que dejar mi profesión, mi trabajo y mi posición social para conseguir el reino de Dios? — me preguntó uno de mis oyentes.

— No tienes que dejarlo sino saber usarlo — le respondí — Quien se apega a los bienes materiales que tiene de tal manera que sacrifica su vida por conservarlos, al final descubrirá que todo lo que acumuló en la tierra no tiene valor alguno en el reino de los cielos.

— El reino de Dios en la tierra — continué diciendo — es como un campo en el que su dueño sembró buena semilla; pero una noche mientras todos dormían, llegó su enemigo y sembró cizaña. Cuando el trigo germinó y se formó la espiga, apareció también la cizaña.

Los criados se dirigieron entonces al dueño del campo y le dijeron: "Señor, ¿cómo es que hay cizaña en tu campo, si la semilla que sembraste era buena?"

El dueño les contestó: "Alguien que no me quiere bien ha hecho esto."

Los criados añadieron: "Si te parece, iremos a arrancar la cizaña."

Pero él les dijo: "No lo hagáis ahora, no sea que, por arrancar la cizaña, arranquéis también el trigo. Dejadlos crecer juntos hasta el tiempo de la siega. Entonces encargaré a los segadores que corten primero la cizaña y la aten en manojos para quemarla, y que luego recojan y guarden el trigo en mi granero."

Y terminé advirtiéndoles:

— "Quien no busca el reino de Dios con la mente abierta y el corazón dispuesto, no entenderá mi palabra".

Al anochecer despedí a la gente y al quedarnos solos, mis discípulos me rogaron:

— Explícanos, maestro, lo que significa la parábola de la cizaña entre el trigo.

Les respondí:

— El labrador que siembra la buena semilla es el Hijo del hombre, y el campo es el mundo. La buena semilla representa a los que pertenecen al reino, y la cizaña representa a los que pertenecen al maligno. El enemigo del dueño, aquel que sembró la cizaña, es el diablo; la siega representa el fin del mundo, y los segadores son los ángeles. Del mismo modo que se recoge la cizaña y se hace una hoguera con ella, así sucederá al fin del mundo. El Hijo del hombre enviará entonces sus ángeles, y ellos recogerán y apartarán de su reino a todos los que son causa de pecado y a los que hacen el mal, y los arrojarán al horno encendido; allí llorarán desesperados. Los justos, en cambio, resplandecerán como el sol en el reino de mi Padre.

— Maestro, ¿por qué hablas en parábolas? — preguntó Juan intrigado.

Y yo le expliqué:

— Porque hay muchos que tienen el corazón cerrado y la mente llena de prejuicios de modo que aunque miran no ven y, aunque escuchan, no oyen ni entienden. Dichosos vosotros que tenéis ojos que pueden ver y oídos que pueden oír. Dad gracias a Dios porque os aseguro que muchos profetas y hombres justos desearon ver lo que vosotros estáis viendo, y no lo vieron, y oír lo que vosotros estáis oyendo, y no lo oyeron.

CAPÍTULO XI

Cuando regresamos a Cafarnaúm me esperaba ansiosamente un grupo de personas entre las cuales se encontraba Jairo, uno de los dignatarios de la sinagoga, quien al llegar a mi presencia se postró angustiado a mis pies rogándome entre gemidos y lágrimas que fuese a curar a su hija que estaba agonizando.

— Mi hija está muriendo — decía — pero, si tu vienes y pones tus manos sobre ella, se salvará y vivirá.

Movido por su dolor y la fe que había puesto en mi, le acompañé a su casa seguido de una multitud de curiosos, ávidos de presenciar un milagro. La gente se apiñaba junto a mi oprimiéndome por todas partes, de modo que apenas podíamos avanzar a pesar de los esfuerzos de mis discípulos por abrirnos camino.

De pronto me detuve y, mirando alrededor de mi, pregunté en voz alta:

— ¿Quien ha tocado mi manto?

Extrañado por la pregunta, Pedro exclamó:

— Maestro, ves que la gente te oprime por todas partes, ¿y tu preguntas quien te ha tocado?

— Alguien me ha tocado de una manera especial — insistí — porque he sentido un poder curativo que salía de mi.

Seguí mirando alrededor para descubrir quien había sido y he aquí que una mujer, temblando de miedo, se arrodilló a mis pies y en presencia de todos declaró haber sido ella. Lo hizo — según dijo — porque estaba segura que si tocaba mi manto quedaría curada de una enfermedad que padecía desde hacía doce años sin que médico alguno pudiera curarla.

Volviéndome a ella, le animé diciendo:

— Hija, por tu fe has recuperado la salud. Vete en paz, libre ya de tu enfermedad.

Aún estaba hablando, cuando llegó un sirviente de la casa de Jairo para comunicarle que su hija acababa de morir. Al oír el mensaje, le animé diciendo:

— No temas. ¡Ten fe y tu hija vivirá!

Continuamos caminando y al llegar a la casa entré acompañado por Pedro, Juan y Santiago. Todos allí estaban ya llorando y haciendo duelo por la muerte de la niña.

— ¿A qué viene este duelo y este llanto? — pregunté — La niña no está muerta; está dormida.

Tanto los médicos que la habían atendido, como los familiares y sirvientes de la casa comenzaron a protestar considerando mis palabras una burla de mal gusto.

Pregunté a los padres donde estaba la niña y ellos me llevaron hasta el cuarto donde yacía, cubierta ya por un sudario. Desconcertados ante la realidad de los hechos, no sabían cómo reaccionar ni que decir.

En su presencia y la de mis tres discípulos, me acerqué a la niña y cogiéndole la mano, la ordené:

— ¡Niña, a ti te digo: levántate!

El espíritu volvió a ella y al instante se levantó.

Los padres estaban atónitos, sin poder salir de su asombro, y viendo que la niña estaba muy débil debido a su enfermedad, les ordené que la diesen de comer.

La multitud seguía apiñada a la puerta de la casa curiosa por saber que había pasado y al conocer la noticia de lo ocurrido, que los familiares y sirvientes propagaban a voz en grito, pugnaban por entrar y ver a la niña con sus propios ojos.

En medio de la alegría que había sucedido al luto, me despedí de Jairo y me dirigí a casa de Pedro, acompañado por mis discípulos, seguido por dos ciegos que, animados por los comentarios que oían, no dejaban de gritar: "Jesús, hijo de David, ten piedad de nosotros".

Sorprendido por el título que me daban, ya que se trataba de un nombre usado para designar al esperado Mesías, y preocupado por la reacción que podía provocar entre la multitud enfervorecida por los recientes milagros, pretendí no oírles y continué mi camino.

No desistieron ellos en su empeño y me siguieron hasta entrar también en la casa. Allí les pregunté que querían.

Como era de esperar buscaban de mi la curación de su enfermedad.

— ¿Realmente creéis que puedo hacer eso?

— Señor — me respondieron — los profetas dijeron que cuando llegue el hijo de David para salvar a su pueblo los ciegos podrán ver. Nosotros creemos que tu eres el enviado de Dios; por eso, si tu quieres, puedes curarnos.

Entonces les toqué los ojos diciendo:

— Hágase con vosotros conforme a vuestra fe.

Los dos comenzaron a ver y severamente les ordené que no dijesen a nadie como habían recuperado la vista. Incapaces, no obstante, de guardar el secreto e impulsados por la gratitud salieron alabando al Dios de Israel y proclamaron por toda la región lo sucedido con ellos.

Hacía ya casi un año desde que comencé a predicar la buena nueva de la llegada del reino de Dios; miles de personas en ese tiempo escucharon mi mensaje pero había aún muchos lugares de Galilea que no pude visitar. A veces venían de muy lejos, ansiosos por escucharme, y me daba pena verles pues llegaban exhaustos y abatidos como ovejas sin pastor.

"La mies es mucha, pero los obreros son pocos; rogad al dueño de la mies que envíe más obreros a su mies," solía decir a mis discípulos. Y convencido de que, al fin, había llegado el momento de confiarles a ellos la predicación de la llegada del reino, decidí enviarles a las zonas más alejadas que aún no había podido visitar.

Llamando a los doce aparte les encomendé su primera misión y les envié con las siguientes instrucciones:

— No vayáis a lugares de paganos ni entréis en los pueblos de Samaria. Id, más bien, en busca de las ovejas perdidas de Israel y anuciadles que el reino de Dios está ya cerca.

Predicad la buena nueva y curad a los enfermos, pero hacedlo gratuitamente, puesto que gratuitamente lo habéis recibido. No os preocupéis por la comida ni el alojamiento. No llevéis oro, plata, ni cobre en la bolsa, porque el trabajador tiene derecho a recibir su sustento.

Cuando lleguéis a algún pueblo o aldea, averiguad qué persona hay allí digna de confianza y quedaos en su casa hasta que salgáis del lugar. Y, cuando entréis en la casa, saludad a sus moradores deseándoles la paz. Si lo merecen, la paz de vuestro saludo quedará con ellos; si no lo merecen, la paz se volverá a vosotros.

Si nadie quiere recibiros ni escuchar vuestra palabra, abandonad aquella casa o aquel pueblo y sacudíos hasta el polvo pegado a vuestros pies. Os aseguro que, en el día del juicio, Sodoma y Gomorra serán tratadas con más clemencia que ese pueblo.

Quien os reciba a vosotros, es como si me recibiera a mi, y el que me recibe a mi, es como si recibiera al Padre celestial que me envió. En verdad os digo que ni un vaso de agua fresca que os ofrezcan quedará sin recompensa.

Terminadas estas instrucciones, salieron de dos en dos y recorrieron las aldeas de Galilea, anunciando en todas partes el mensaje de salvación y curando a los enfermos, practicando con sus obras el amor que predicaban con la palabra.

Cuando regresaron, venían entusiasmados de su misión por las curaciones que en mi nombre habían hecho y porque la gente alababa al Dios de Israel que les había dado tales poderes.

— Alegraos más bien — les dije — porque vuestros nombres han sido escritos en el libro de la vida.

CAPÍTULO XII

Al acercarse la fiesta de Pentecostés me dirigí con mis discípulos a Jerusalén y, conociendo la animosidad de los escribas y fariseos, aproveché las largas horas del camino para manifestarles que un día sería juzgado y condenado a muerte por las autoridades religiosas.

No pudiendo comprenderlo, porque todavía tenían fija en su mente la idea de un Mesías triunfalista enviado por Dios para acabar con el poderío romano, protestaron enérgicamente contra mi pesimismo. Y Pedro, sintiendo sobre si el peso de la responsabilidad como jefe del grupo, se atrevió a reprocharme en nombre propio y de los demás:

— ¡Jamás lo permitirá Dios, ni nosotros dejaríamos que tal infamia sucediese!

Molesto por su atrevimiento casi blasfemo, y recordando mi lucha con el tentador en el desierto, reaccioné con violencia:

—¡Apártate de mi, Satanás! — le dije — En vez de piedra de fundamento eres piedra de escándalo porque piensas como hombre y te atreves a hablar en nombre de Dios. No, Pedro, no es el hombre sino Dios quien señala el camino que debo seguir y ni tu ni yo podemos cambiarlo.

Grande fue el asombro de Pedro y los demás discípulos, incapaces de comprender que el tentador a veces se sirve de los sentimientos más nobles del ser humano para entorpecer los planes de Dios.

Dirigiéndome a los doce les expliqué que el Mesías debía padecer y morir a manos de los judíos, como estaba escrito por los profetas, pero que al tercer día resucitaría de entre los muertos.

— Si alguno quiere ser discípulo mío — añadí — debe igualmente negarse a si mismo, y estar dispuesto a cargar con la cruz para seguirme. Porque el que quiere salvar su vida en este mundo, perderá la vida eterna; pero el que de su vida por mi en este mundo, obtendrá la vida eterna. ¿De que le sirve al hombre ganar el mundo entero, si pierde la vida eterna? — les pregunte — ¿Qué podrá dar el hombre a cambio de ella?

Seis días más tarde, al acercarnos a la ciudad santa, hicimos un alto en el camino antes de entrar, para poder descansar y refrescarnos junto a la fuente y estanque de Bezetha.

Como se atribuyen ciertas virtudes curativas a estas aguas el estanque estaba, como de costumbre, rodeado de una multitud de enfermos, ciegos, cojos y paralíticos que buscaban ansiosos la recuperación de su salud.

Me detuve ante un hombre que estaba tendido en una estera quien me explicó que llevaba treinta y ocho años paralítico, sin poderse curar porque, aunque tenía fe en la virtud curativa de esas aguas, nunca podía entrar en el estanque cuando el agua burbujeaba ya que estaba inmovilizado y no tenía quien le ayudase.

Compadecido, mirándole fijamente a los ojos, le dije:

— Si tienes fe en Dios, confía en mis palabras.

Y le ordené:

— ¡Levántate, toma tu estera y anda!

Así lo hizo, y levantándose, tomó su estera y comenzó a andar ante el asombro de todos los que presenciaron el hecho quienes se unieron a él para alabar y dar gracias a Dios. Aprovechando el momento de confusión, seguimos nuestro camino y entramos en la ciudad santa.

Sucedió que aquel día era Sábado y no faltaron personas celosas que escandalizadas le reprocharon por verle caminar cargando la estera.

— Quien me ha curado — respondió — me ordenó tomar mi estera y andar.

— ¿Y quien es ése? — le preguntaron.

Como él lo ignoraba, pues no me conocía, no pudo responder. Pero más tarde acudió al templo a dar gracias a Dios por su curación estando yo allí con mis discípulos y reconociéndome acudió a los sacerdotes para informarles que era yo quien le había curado.

Inmediatamente vinieron a mi para acusarme de pecador no sólo por haberle curado en Sábado sino por haberle ordenado llevar una carga, lo cual estaba también prohibido.

Al responderles que Dios obra sin cesar, gobernando y conservando todo lo creado aún en día de sábado, y que por eso hacía yo lo mismo trabajando en todo tiempo, me acusaron también de blasfemia pues a más de trabajar en Sábado me hacía igual a Dios.

Mis razonamientos no sólo no les convencieron sino que ciegos de ira buscaban la manera de matarme, por lo que saliendo de Jerusalén nos retiramos a Galilea.

Preocupadas las autoridades religiosas por el incidente, enviaron a Galilea una delegación de escribas y fariseos para desacreditarme ante el pueblo.

Pronto notaron que mis discípulos no se lavaban las manos antes de comer según la tradición rabínica y me denunciaron como responsable de semejante delito de impureza.

— ¿Por qué tus discípulos no respetan la tradición de nuestros antepasados? — me arguyeron en público.

Indignado por el cinismo con el que observaban las tradiciones de los hombres al tiempo que burlaban la ley de Dios, les respondí:

— ¡Hipócritas, que anuláis el mandamiento de Dios para observar vuestras tradiciones! ¿No dice la ley de Dios: "Honra a tu padre y a tu madre", y también "Quien maldiga a su padre o a su madre será condenado a muerte"? En cambio vosotros afirmáis que si alguien dice a su padre o a su madre: "Lo que tenía reservado para ayudarte, lo he convertido en ofrenda para el templo", ya no tiene obligación de ayudarles.

Y en tono acusatorio, les pregunté:

— ¿Por qué con esas tradiciones que os pasáis de unos a otros, anuláis la ley de Dios?

No me respondieron. Y dirigiéndome al pueblo que nos escuchaba, les dije:

— ¡Oíd todos bien! Nada hay fuera del hombre que pueda hacerle impuro. Lo que realmente hace impuro al hombre es lo que sale del corazón. Bien profetizó Isaías, según está escrito: "Este pueblo me honra con los labios, pero su corazón está lejos de mí, pues me dan un culto vano, enseñando doctrinas que son preceptos humanos".

Se retiraron sin decir palabra y alguien preguntó:

— ¿No te has dado cuenta que los escribas se han sentido ofendidos?

— Son ciegos que guían a otros ciegos — respondí — y lamentablemente cuando un ciego guía a otro ciego ambos caerán al abismo.

Al regresar a casa de Pedro, observé que algunos de mis discípulos comentaban qué era lo que había querido decir. Interrumpiendo su conversación, les pregunté:

— ¿No comprendéis que nada que come el hombre puede hacerle impuro porque no entra en su corazón, sino en su vientre para ser expulsado poco después?

Y añadí:

— Lo que sale del hombre es lo que le hace impuro; porque del fondo del corazón proceden las malas intenciones, las inmoralidades, los robos, los asesinatos, los adulterios, la avaricia, la maldad, la falsedad, el desenfreno, la envidia, la blasfemia y el orgullo. ¡Esto es lo que hace al hombre impuro, y no el sentarse a la mesa a comer sin haberse lavado las manos!

Consciente de que los fariseos no estaban dispuestos a regresar a Jerusalén derrotados y humillados y, por lo tanto, seguirían hostigándome para recoger más acusaciones contra mí, decidí retirarme con mis apóstoles a la región de Tiro y Sidón, en Fenicia, porque aún no había llegado mi hora.

Era la primera vez que salía de Palestina y no lo hacía para llevar el mensaje de la buena nueva a tierra de paganos, ya que eso sería misión de mis discípulos, sino buscando un lugar donde pasar una temporada desconocido y tranquilo.

Pero sucedió que mi plan de descanso en el anonimato se desvaneció, pues también allí habían oído hablar del "profeta de Galilea" y las obras maravillosas que hacía.

Pronto corrió la noticia por la región y una mujer, impulsada por su amor de madre, vino para rogarme que curase a una hijita suya.

— ¡Señor, hijo de David, ten compasión de mi! — me rogaba gritando — Mi hija está poseída por un demonio y sufre horriblemente.

Como no le contestaba, los discípulos me dijeron que la despidiese, pues molestaba con sus voces lastimeras y la insistencia de un mendigo.

Al fin me acerqué a ella, rodeado de mis discípulos, y le dije en tono comprensivo:

— Mujer, Dios me ha enviado para atender solamente a las ovejas descarriadas de Israel.

No se dio por vencida y poniéndose de rodillas delante de mi, me suplicó:

— ¡Señor, ayúdame!

— No está bien quitarles el pan a los hijos para dárselo a los perros — le argüí.

Y con una fe inquebrantable, me respondió:

— Es cierto lo que dices, Señor, pero también es cierto que los perros comen las migajas que caen de la mesa de sus amos.

Incapaz de resistir más me rendí ante la fuerza de su fe.

— ¡Mujer, grande es tu fe! — le dije lleno de admiración — Tan grande que por ella tu hija ha sido curada. Vete en paz pues Dios te ha concedido tu deseo.

CAPÍTULO XIII

Al regresar a Galilea volvieron a aparecer mis celosos vigilantes fariseos. Esta vez acompañados por un grupo de saduceos quienes entraron en discusión conmigo y, alegando que mis argumentos no les convencía, exigieron realizase algún milagro o hecho portentoso como prueba definitiva de que Dios acreditaba mi enseñanza.

Semejante petición me llenó de pena y amargura porque no era producto de buena fe sino de una mente envilecida.

— ¿Por qué necesitáis un signo para creer? — les pregunté a modo de respuesta — Cuando el cielo, al atardecer, se vuelve rojo, decís: "Tendremos buen tiempo." Y cuando por la mañana, el cielo está sombrío, decís: "Hoy tendremos tormenta." ¿Cómo es que sabéis interpretar el aspecto del cielo y, en cambio, no sois capaces de interpretar los signos de los tiempos?

Ante el silencio con que respondieron mi pregunta, no pude menos de exclamar en voz alta:

— ¡Gente mala e infiel! Pedís una señal que os convenza, pero no se os dará más señal que la del profeta Jonás.

Y dejándolos, me fuí con mis discípulos a la otra orilla del lago. En la intimidad me preguntaron cual era la señal del profeta Jonás y les expliqué que así como Jonás estuvo en el vientre de la ballena tres días y tres noches, así también estaría yo tres días en el corazón de la tierra.

— Llegará el día, les dije, en que los escribas y fariseos se apoderarán de mi y las autoridades religiosas me condenarán a muerte, pero al tercer día resucitaré para no morir jamás.

La idea del Mesías en manos de sus enemigos era algo tan ajeno a la enseñanza rabínica que habían recibido desde niños que les era imposible entenderme. Mi rectificación de sus esperanzas mesiánicas les confundía y deprimía. Se negaban a aceptarlo y en vano procuraban cambiar mi mente confesándome su fe en mi y su confianza en el triunfo mesiánico.

Unos días después de nuestro regreso a Cafarnaúm, salí con mis discípulos a predicar por los pueblos y aldeas de Galilea. Llegamos hasta las cercanías del monte Hermón y, dejando a los demás en la ladera, me fui con Pedro, Juan y Santiago al monte para pasar la noche en oración conversando con mi Padre celestial.

— Padre mío, durante casi dos años he predicado el mensaje del reino sin lograr que tu pueblo lo acepte. Los escribas y fariseos me rechazan y persiguen, la gente sencilla no es capaz de comprenderme y hasta mis propios discípulos se entristecen y desaniman cuando menciono la cruz. Hablo al pueblo de tu amor y ellos prefieren escuchar a quienes enseñan la religión del temor, obro milagros en tu nombre y me acusan de magia, les ofrezco mi vida y quieren mi muerte. ¿Qué más puedo hacer para convencerles que el Mesías prometido no viene a instalar un reino político sino un reino espiritual donde reine la paz y el amor?

— Seguir sembrando el amor — me respondió.

— ¿Hasta cuándo? — me atreví a preguntar.

— Hasta dar la vida por ellos. Recuerda, hijo mío, que si la semilla no muere no da frutos.

En ese momento nos envolvió una luz sobrenatural que despertó a mis tres discípulos quienes, cansados por la fatiga del camino y el calor de la estación, estaban profundamente dormidos. Abriendo los ojos vieron que mi rostro y mis vestiduras resplandecían como el sol, y junto a mi vieron a Moisés y Elías hablando conmigo de mi pasión y muerte, tal y como yo les había manifestado.

Desconcertados por la visión, al fin Pedro se atrevió a intervenir y fascinado me dijo:

— ¡Maestro, quedémonos aquí! Yo puedo hacer tres cabañas: una para ti, otra para Moisés y otra para Elías.

Así era Pedro: impetuoso y dispuesto siempre a la acción. Aún estaba hablando cuando los tres se vieron envueltos por una nube, de la cual salió una voz que dijo:

— ¡Este es mi hijo que yo he enviado para la salvación del mundo! Quien le escucha a él me escucha a mi.

Al oír esto, los tres se postraron rostro en tierra, sobrecogidos de espanto, y acercándome a ellos les dije:

— Levantáos, no tengáis miedo.

Se levantaron y abriendo los ojos ya no vieron a nadie más que a mi.

Al amanecer del día siguiente, al bajar del monte, les ordené no contar a nadie esta visión hasta que hubiese resucitado de entre los muertos.

— Maestro, me preguntaron, ¿por qué dicen los escribas y doctores de la ley que Elías tiene que venir antes del Mesías?

Les expliqué como, efectivamente, Elías había de venir, pero que ya había venido y los hombres no le reconocieron. Antes bien, le maltrataron y mataron, y que de la misma manera yo tendría que sufrir también.

Escuchando mi explicación cayeron en la cuenta que hablaba de Juan el Bautista.

Al volver donde estaba el resto de mis discípulos, que habían quedado en la llanura, les encontramos rodeados de un grupo numeroso de gente y algunos escribas con los que discutían.

Reconociéndome uno de los del grupo, se adelantó hacia mí y, puesto de rodillas, me rogaba:

— Señor, ten compasión de mi hijo. Le dan ataques terribles y muchas veces se arroja al fuego o al agua. Le he traído a tus discípulos, pero no han podido curarle.

Los escribas me observaban maliciosamente, satisfechos del fracaso de mis discípulos, y no pude menos de exclamar:

— ¡Gente incrédula, hasta cuando tendré que soportaros!

Dirigiéndome al padre del muchacho le pedí lo trajera a mi presencia. Al llegar junto a mí volvió a darle otro ataque y cayó al suelo revolcándose y echando espuma por la boca.

— ¿Cuánto tiempo hace que le pasa esto? — pregunté.

— Desde niño — respondió el padre y añadió — Si puedes, ayúdanos. ¡Ten compasión de nosotros!

Sus palabras denotaban un titubeo en su fe, motivado quizá por el fracaso de mis discípulos.

— Para quien tiene fe — le aseguré — todo es posible.

— Maestro, tengo fe — me confesó — pero ayúdame a tener más.

Movido por la sinceridad de sus palabras, me acerqué al muchacho y tomándole la mano se calmó y puso en pié. Viendo que la multitud se apiñaba a nuestro alrededor, le entregué a su padre asegurándole que estaba curado.

Intrigados mis discípulos querían saber la causa de su fracaso, y más tarde me preguntaron en privado por qué ellos no habían podido curarle.

— Por vuestra poca fe — les contesté — pues en verdad os digo que a quien tiene fe y no duda en su corazón, mi Padre le concederá todo lo que pida en mi nombre.

Dediqué el resto de nuestra gira misionera a la formación espiritual de mis discípulos.

Indignado por el afán de los escribas y fariseos en desacreditarme ante el pueblo, les advertí sobre la gravedad del escándalo:

— En verdad os digo que quien escandalice a uno de los que creen en mí, más le valdría que le arrojasen al fondo del mar con una piedra amarrada al cuello.

Respecto a la actitud para con el pecador, les dije:

— Si un hombre tiene cien ovejas y se le extravía una de ellas, ¿no dejará las otras noventa y nueve en el redil e irá en busca de la extraviada? Y, si logra encontrarla, ¿no sentirá más alegría por ella que por las noventa y nueve que no se habían extraviado? Así es el amor de nuestro Padre celestial que no quiere que nadie se pierda, y así debe ser nuestra conducta con el pecador.

No basta con perdonar en nuestro corazón a quien nos ofende; hay que salir en su búsqueda. Si te escucha y reconoce su falta, habrás ganado un hermano. Cuantas veces te ofenda, perdónale pues en verdad os digo que con la misma medida con que midiereis a los demás, así también seréis vosotros medidos.

Parece ser que mis palabras de perdón para con el hermano culpable y contumaz, crearon una dificultad en la mente de Pedro, quien preocupado preguntó:

— Maestro, ¿cuántas veces he de perdonar a mi hermano si me ofende? ¿Hasta siete?

— No sólo siete veces — aclaré — sino setenta veces siete.

Y para que no hubiera duda acerca de las consecuencias del que no sabe perdonar, les conté la siguiente parábola:

— Había un rey poderoso que un día llamó a cuentas a sus servidores. Uno de los primeros que llamó a rendir cuentas le debía muchos millones y como no tenía tal suma, el rey mandó que vendieran como esclavos a él, a su esposa y a sus hijos, y que se incautaran de todas sus propiedades para recuperar parte de lo mucho que le debía.

Al oír tal decisión, el siervo se arrojó a los pies del rey, suplicándole: "Ten paciencia conmigo, que yo te lo pagaré todo". Y el rey, que tenía buen corazón, tuvo compasión con su siervo perdonándole toda su deuda.

Pero al salir, aquel siervo se encontró con uno de sus compañeros que le debía a él una cantidad insignificante. Y acercándose, le agarró por el cuello, gritando: "¡Págame lo que me debes!". Su compañero se arrodilló delante de él, exclamando: "Ten paciencia conmigo, que yo te pagaré lo que te debo." Pero el otro no le escuchó y le hizo poner en prisión hasta que le pagase la deuda.

Semejante conducta, disgustó a los demás siervos, quienes fueron a ver al rey para contarle lo que había ocurrido.

Entonces el rey hizo llamar al deudor que el había perdonado y le dijo: "Siervo malvado, yo te perdoné toda tu deuda porque tu me lo suplicaste. ¿No debías tu haber tenido compasión también con tu compañero como yo la tuve contigo? Y encolerizado, ordenó que le encarcelaran hasta que pagase toda la deuda.

Así — concluí — también hará mi Padre Celestial con quien no perdone de corazón a su hermano.

A nuestro regreso a Cafarnaúm, se nos acercó uno de los recaudadores de impuestos para recordarme que aún no había pagado el tributo destinado al Templo de Jerusalén y que el plazo se vencía antes de la fiesta de los Tabernáculos, como estaba señalado en la ley.

Dirigiéndome a Pedro, le pregunté:

— Los reyes de este mundo, ¿de quienes reciben impuestos, de sus hijos o de sus súbditos?

— De los súbditos — me respondió.

— Luego los hijos están exentos, ¿no es así? No obstante, para que nadie se escandalice, ve al lago a pescar y con los primeros peces que saques del agua paga el tributo por ti y por mí.

CAPÍTULO XIV

La única persona que nunca dudó de mi fue mi madre. ¡Cómo admiraba su fe y su confianza en Dios! Siempre que podía, acudía a ella para compartir mis experiencias misioneras, sobre todo desde que vino a residir a Cafarnaúm. Libre al fin de familiares y vecinos que la zaherían por ser la madre de un predicador ambulante rechazado por las autoridades religiosas, había encontrado en casa de mis discípulos Juan y Santiago un hogar donde era comprendida y respetada, y en su madre Salomé, una hermana.

Me extrañó que unos días antes de la fiesta de los Tabernáculos, cuando preparaba mi viaje a Jerusalén, se presentara en Cafarnaúm un grupo de mis parientes. Habían venido para sugerirme que abandonase Galilea donde — según ellos — estaba perdiendo mi tiempo entre gente ignorante y me trasladase a Judea donde estaba mi futuro.

Maliciosamente, pues no creían en mí, me aconsejaban:

— Deberías salir de aquí e ir a Judea, para que todos puedan ver las grandes obras que haces. Nadie que pretenda darse a conocer actúa secretamente. Si en realidad haces cosas tan extraordinarias, como dicen, hazlas de tal modo que te des a conocer a todo el mundo.

— Aún no ha llegado mi hora — les respondí — Para vosotros, en cambio, cualquier hora es buena.

No creo que entendieran el significado de mis palabras, pues dieron por supuesto que renunciaba ir a la fiesta de los Tabernáculos y, unidos al grupo de peregrinos que salió de Cafarnaúm, se dirigieron a la ciudad santa.

La visita de mis parientes me hizo cambiar mis planes y marché con mis discípulos, no públicamente sino de incógnito, a través de Samaria; ruta más corta pero menos usada por temor a los samaritanos, quienes aprovechaban la ocasión para mostrar su animosidad contra los judíos molestando a los peregrinos que se dirigían al templo de Jerusalén.

Conociendo su mala disposición envié por delante algunos de mis discípulos para buscar alojamiento en una de las aldeas del camino, pero no quisieron darnos hospitalidad. Afrenta que Santiago y Juan juzgaron intolerable y, movidos por un falso celo, me pidieron que hiciera descender fuego del cielo para destruir aquellos malvados. Su falta de tolerancia y lo poco que comprendían el carácter de mi misión eran totalmente reprensibles y así se lo hice saber en presencia de los demás discípulos.

Al llegar a Jerusalén la caravana de peregrinos procedente de Cafarnaúm, la gente me buscaba recordando la curación del paralítico de Bezetha realizada en mi viaje anterior, y al no verme entre ellos surgieron los comentarios sobre mí. Unos decían que era un embaucador que engañaba a la gente y otros afirmaban que era bueno, pero nadie se atrevía a defenderme públicamente por temor a las autoridades religiosas.

Comenzada ya la fiesta, cuando la gente se enteró que había llegado a la ciudad santa y estaba enseñando en el atrio del templo, tanto admiradores como detractores vinieron a escucharme. Queriendo estos últimos desprestigiarme ante el pueblo, alegaban que no podía ser realmente un hombre sabio puesto que no había frecuentado las escuelas rabínicas, como los escribas y fariseos.

De ahí que uno de ellos, pidiendo la palabra, se adelantó para preguntarme públicamente:

— ¿Cómo es posible que te atrevas a enseñar si nunca has estudiado? ¿De dónde te viene la sabiduría?

La pregunta en sí era válida, y le contesté:

— La doctrina que yo enseño no es mía, sino de Aquel que me envió. El que está dispuesto a cumplir la voluntad de Dios, comprobará por si mismo si lo que yo enseño es la palabra de Dios o si hablo por cuenta propia. Quien habla por si mismo busca su propia gloria. En cambio quien solamente busca la gloria de Aquel que le envió, es un hombre sincero que dice la verdad aunque le cueste la vida. ¿Es por eso que queréis matarme?

Mi pregunta fue respondida con voces de protesta, y uno de los fariseos que me escuchaba, se atrevió a insultarme diciendo:

— Eres un pecador endemoniado, que se burla de la Ley, ¿no crees que mereces la muerte?

Dándome cuenta que aludía a la curación del paralítico en día de sábado, le argüí:

— Me acusáis de ser un pecador porque he trabajado en día festivo. ¿No es cierto que Moisés impuso el rito de la circuncisión y para cumplirlo circuncidáis aunque sea día festivo? Ahora bien, si realizáis el rito de la circuncisión en día festivo para no faltar a la Ley de Moisés, ¿por qué os escandalizáis y me acusáis de pecador por haber curado a un paralítico en día festivo? No juzguéis según las apariencias; cuando juzguéis, hacedlo con justicia y rectitud.

Viendo que los ánimos se acaloraban y temeroso de que se crease un alboroto, decidí terminar la disputa pues los escribas y fariseos, en vez de discutir el verdadero significado de la Ley mosaica, se limitaban a acusarme a grandes voces de pecador endemoniado por contradecir sus prácticas y enseñanzas.

Solamente uno de los fariseos que estaba presente a la discusión, de nombre Nicodemo, se atrevió a salir en mi defensa recordando que la ley no juzga a nadie sin antes escucharle y valorar sus argumentos. Pero también a él le reprocharon con sarcasmo, diciendo: "¿No eres tu maestro de la Ley? Investiga y verás que de Galilea no sale profeta alguno".

Nicodemo, hombre honrado y de rectas intenciones que era miembro del Sanhedrin, aprovechando el anonimato de la noche, vino a visitarme para hacerme algunas preguntas.

— Maestro, creo que Dios te ha enviado pues nadie puede realizar las obras que tu haces si Dios no está con él. ¿Qué debo hacer para entrar a formar parte del nuevo reino de Dios?

Impresionado por su honradez y su humildad, contesté:

— En verdad te digo que sólo el que nace de nuevo podrá entrar en el reino de Dios.

— ¿Cómo es posible que un hombre ya viejo vuelva a nacer? — argumentó — ¿Puede acaso el hombre volver a entrar en el seno materno para nacer de nuevo?

— Lo que nace del hombre es humano; lo que nace del espíritu es espiritual — le expliqué — No te extrañe, pues, el que te haya dicho que hay que nacer de nuevo. El viento sopla donde quiere; oyes su rumor, pero no sabes de donde viene ni a dónde va. Lo mismo sucede con el que nace del espíritu.

— ¿Cómo puede ser esto? — preguntó extrañado.

— ¿Tu eres maestro en Israel y no sabes estas cosas? ¿Qué enseñas, entonces, si ignoras la acción del espíritu de Dios en los hombres?

No me respondió para obligarme, quizá, a ser más explícito.

— Si hablando de cosas terrenas no me creéis, ¿cómo me creeréis si os hablo de las cosas del cielo? En verdad te digo que tanto ama Dios al mundo que no dudó en entregarle a su Hijo, para que todo el que crea en él no perezca sino que alcance la vida eterna. Pues no le envió al mundo para dictar sentencia de condenación, sino para que por medio de él se salve el mundo.

En verdad te digo — continué — que quien escucha mis palabras y cree en mí no será condenado; en cambio el que me rechaza, él mismo se condena. Se condena porque habiendo venido la luz al mundo, prefirió las tinieblas a la luz porque su conducta era mala. Todos los que obran mal detestan la luz por miedo a que su conducta inmoral quede al descubierto. En cambio, los que obran conforme a la verdad, buscan la luz a fin de que sean manifestadas sus obras y se vea que han sido hechas conforme a la voluntad de Dios.

Aunque amante de la verdad, Nicodemo era demasiado prudente y cauteloso para manifestarse abiertamente como discípulo y seguidor mío, sin embargo la semilla que esa noche cayó en su corazón no tardaría en germinar.

El día siguiente, al entrar en el templo, pasamos frente a la sala del Tesoro en el momento en que un numeroso grupo de peregrinos aprovechaba el viaje para pagar el tributo prescrito con destino al Templo y otros muchos para depositar una ofrenda, más o menos generosa, de acuerdo con sus medios económicos.

Junto a las arcas donde se depositaba el dinero de la ofrenda estaban los sacerdotes de guardia, encargados de certificar el pago del tributo y vigilar el proceso de la colecta de las ofrendas.

Nunca faltaban curiosos que observaban la donación de las ofrendas y premiaban con sus exclamaciones de admiración y de alabanza a los grandes donantes, algunos de los cuales rivalizaban por superar a los demás seguros de ser así más apreciados por Dios y por los hombres por su generosidad para con el Templo.

También mis discípulos se sintieron atraídos por el espectáculo y observaban cuidadosamente el procedimiento, cuando he aquí que, entre los donantes, llegó una viuda pobre que avergonzada ante la generosidad de sus predecesores se acercó al arca y deposito dos centavos.

Esta vez no hubo alabanzas por parte de los espectadores sino una risa burlona por la insignificancia del donativo. Visto lo cual, pregunté a mis discípulos:

— ¿Quien creéis vosotros que fue el mayor donante?

Dudaban y discutían entre si, tratando de calcular el valor de los puñados de moneda que tan ostentosamente habían depositado algunos de los peregrinos, y como no se ponían de acuerdo, decidí darles la respuesta.

— En verdad os digo que quien depositó la mayor ofrenda fue esa pobre viuda — les dije.

Y como me miraban asombrados, pensando que yo también me estaba burlando de ella, añadí:

— Ella echó más que todos los demás, pues los otros dieron solamente una parte de lo mucho que les sobraba; ella, en cambio, en su generosidad llegó hasta el heroísmo dando todo lo que tenía para su sustento.

Después de pasar la noche en oración en el huerto de los olivos, a las afueras de Jerusalén, regresamos de mañana al Templo y me encontraba enseñando en el atrio cuando, de pronto, se presentó un grupo de escribas y fariseos seguido de un numeroso gentío.

Dirigiéndose directamente hacia mí e interrumpiendo la predicación, me presentaron una mujer que avergonzada se cubría el rostro con ambas manos.

— Maestro — me dijeron — esta mujer ha sido sorprendida en flagrante adulterio. La ley de Moisés manda que sea apedreada por el pueblo hasta morir. Tu, ¿qué dices?

Obviamente la pregunta había sido planteada con la mala intención de someterme a prueba, seguros de encontrar un motivo de acusación contra mí. Si respondía que debía ser lapidada conforme al precepto de la ley, me acusarían ante el pueblo de no cumplir mi consejo de perdón y bondad para con los pecadores; si respondía que no, me acusarían a las autoridades religiosas como un revolucionario que abolía la Ley mosaica.

Dirigiéndome a todos los presentes, dije en tono autoritario y voz alta para que todos pudiesen oír:

— ¡El que de vosotros esté sin pecado arroje la primera piedra!

Inclinándome comencé a escribir con mi bastón en el suelo tratando de matar el tiempo. Al cabo de unos minutos, me incorporé de nuevo y, encontrándome sólo frente a la mujer, le pregunté:

— ¿Dónde están tus acusadores? ¿Ni siquiera uno de ellos se atrevió a cumplir la condena?

Temblando de pánico, me contestó:

— Ninguno, Señor.

— Tampoco yo te condeno — le dije y fijando mis ojos en los suyos le ordené — Vete y no vuelvas a pecar.

No había venido a abolir la Ley, sino a perfeccionarla. Y eso fue lo que hice en este caso, pues la justicia se perfecciona con la misericordia, manteniendo el espíritu de la Ley que no puede ser otro que el de apartar del mal y encaminar al bien.

Terminada la fiesta de los Tabernáculos salí de la ciudad santa en compañía de mis discípulos con intención de predicar por la región de Judea la llegada del reino de Dios.

Mi primera parada fue en Betania, en las inmediaciones de Jerusalén, donde me hospedé en casa de un hombre prominente del pueblo llamado Lázaro que vivía con sus dos hermanas Marta y María.

Sucedió que mientras Marta se afanaba en los preparativos domésticos para hacer mi estancia lo más placentera posible, María estaba sentada junto a Lázaro escuchando mis palabras. No tardó Marta en observarlo y acercarse a reprocharla por haberla dejado sola con el trabajo de la casa.

Comprendiendo que la queja de Marta estaba justificada, aproveché sin embargo la oportunidad para hacerla saber que, a la hora de escoger, los valores espirituales deben anteponerse a todos los demás.

— Marta — le dije — te preocupas y afanas por muchas cosas, cuando una sola es necesaria. Busca primero el reino de Dios y todo lo demás vendrá por añadidura. En verdad te digo que tu hermana María escogió la mejor parte.

CAPÍTULO XV

ueron muchos los peregrinos y habitantes de Jerusalén que escucharon mi mensaje en el atrio del templo durante los días de la fiesta y algunos de ellos se acercaron luego para manifestarme su deseo de unirse al grupo de mis discípulos.

Uno de ellos, escriba de profesión, me esperaba a la salida de la ciudad y respetuosamente me dijo:

— Maestro, he escuchado tus palabras y estoy convencido que eres un profeta y hablas en nombre Dios. Te ruego me aceptes como discípulo tuyo.

Le expuse las condiciones para seguirme y lo poco que en este mundo podía ofrecerle.

— Las zorras del campo tienen madrigueras y las aves del cielo nidos — le dije — pero yo no tengo donde reclinar mi cabeza.

No era esa la respuesta esperada y, alegando el tener una salud muy delicada para vivir al aire libre, nos abandonó.

Otro más joven, manifestando que con frecuencia había acudido al templo para escucharme, se acercó para hacerme algunas preguntas acerca del nuevo Reino.

Tras una breve conversación, movido por la sinceridad de sus palabras, le invité a unirse al grupo. No había duda de su generosidad y buena intención pero, demasiado joven aún, no había madurado lo suficiente como para tomar semejante decisión. Agradeció mi ofrecimiento pero prefirió ir primero a su casa y esperar hasta la muerte de su padre.

Comprendiendo la lucha interna que se desarrollaba en su mente y conmovido por su amor filial, reflexioné con él:

— Si tienes fe en Dios, confía el cuidado de tu padre a la providencia divina. Sígueme tu ahora y ven conmigo a predicar el reino de Dios.

Con pena renunció y al verle marchar entristecido, anuncié públicamente:

— Quien escucha la llamada de Dios no puede posponer la respuesta pensando que lo hará en tiempo más oportuno. En verdad os digo que, así como el que pone la mano en el arado tiene que mirar siempre hacia adelante, quien busca el reino de Dios no puede mirar lo que deje a sus espaldas.

Vino también un joven que, arrodillándose delante de mí, me preguntó:

— Maestro bueno, ¿qué debo hacer para alcanzar la vida eterna?

Extrañado por tal saludo, le pregunté:

— ¿Por qué me llamas bueno?

No me respondió, y pasé a contestar su pregunta.

— Si quieres entrar en la vida eterna, cumple los mandamientos de la Ley.

— ¿Cuales? — volvió a preguntar.

— No mates; no cometas adulterio; no robes; no des falso testimonio; no engañes a nadie; honra a tu padre y a tu madre.

— Maestro, todo eso lo he cumplido desde mi niñez — me respondió — ¿Hay algo más que pueda hacer?

Mirándole a los ojos pude ver su limpieza de corazón y deseo de agradar a Dios en todo. Complacido, le dije:

— Si quieres ser perfecto, una cosa te falta: Ve, vende todo lo que posees y reparte el producto entre los pobres. Así te harás un tesoro en el cielo. Luego vuelve y sígueme.

Al oír ésto el joven se puso triste y se marchó contrariado por que era muy rico. Volviéndome a mis discípulos, no pude menos de exclamar:

— ¡Qué difícil es que un rico entre en el reino de los Cielos! En verdad os digo, es más fácil que un camello pase por el ojo de una aguja a que un rico entre en el reino de los cielos.

Sorprendidos por la dureza de mis palabras, preguntaron asustados:

— Si eso es así, ¿quien podrá salvarse?

— Con la ayuda de Dios todo es posible para quien antepone los bienes espirituales a los bienes materiales — respondí — porque la riqueza no es un obstáculo cuando usa en bien de los demás; cuando hace daño es cuando se apodera del corazón del hombre y no puede separarse de ella.

Viéndome apenado por el rechazo del joven rico, Pedro creyó conveniente recordarme su desprendimiento y lealtad.

— Maestro, tu sabes que nosotros lo hemos dejado todo por seguirte.

Agradecido, le dije:

— Te aseguro que todo aquel que haya dejado casa, hermanos, hermanas, padre, madre, hijos o posesiones terrenales por causa mía para predicar el mensaje de salvación, recibirá en este mundo cien veces más que lo que dejó, y en el mundo venidero recibirá la vida eterna.

Aunque algunos renunciaron a mi invitación fueron más los que aceptaron y, seleccionando setenta y dos, los envié en pequeños grupos con mis doce apóstoles a predicar la buena nueva por los pueblos y aldeas de Judea.

Al cabo de un par de semanas, regresaron llenos de júbilo no sólo porque muchos habían aceptado su mensaje, preparando así el terreno para mi próxima visita, sino porque "hasta los demonios se habían sometido a ellos en nombre mío".

Juan añadió que había visto a un desconocido expulsar a los demonios invocando mi nombre y se lo prohibió ofendido porque no era de los nuestros.

Viendo que su actuación, producto de un celo mal entendido, contaba con la aprobación de los demás, le pregunté:

— ¿Y por eso le prohibiste hacer el bien en mi nombre?

No esperaba Juan esa pregunta y, confundido, no supo que responder por lo que añadí:

— Nadie que hace el bien en mi nombre hablará mal de mí. Recordad siempre que quien no está en contra de nosotros, está a favor nuestro.

A poco de regresar mis discípulos, y estando reunido con ellos, vino a verme un doctor de la Ley que — según dijo — me había escuchado en Jerusalén y pidió le aclarase algunos puntos fundamentales.

— Maestro, ¿Qué debo hacer para entrar en la vida eterna?— me preguntó poniéndome a prueba.

— ¿Qué está escrito en la Ley? ¿Que lees en ella?— pregunté.

— "Amarás al Señor tu Dios con todo tu corazón, con toda tu alma, con todas tus fuerzas y con toda tu inteligencia: y al prójimo como a ti mismo".

— Tu mismo has respondido correctamente tu pregunta — le dije — Haz eso y lograrás la vida eterna.

Indeciso sobre el significado de "prójimo" pues no sabía si el precepto se refería solamente a los parientes y amigos, o si debía alcanzar también a todos sus compatriotas, volvió a insistir pidiendo una aclaración más específica:

— ¿Y quien es mi prójimo?

Ante la expectación del numeroso grupo que se había reunido en torno nuestro, contesté su pregunta con una parábola para que tanto él como todos los presentes sacasen la moraleja.

— Un hombre que bajaba de Jerusalén a Jericó fue asaltado por unos ladrones que le robaron cuanto llevaba, le hirieron gravemente y se fueron dejándole medio muerto. Poco después pasó por aquel mismo camino un sacerdote, que vio al herido pero pasó de largo. Igualmente un levita, al llegar a aquel lugar, vio al herido, pero también pasó de largo.

Finalmente llegó un samaritano que, al ver al herido, se conmovió. Y acercándose a él, le curó poniendo aceite y vino en sus heridas, le vendó, le montó en su propia cabalgadura, le condujo a una posada próxima y cuidó de él.

Al día siguiente, cuando el samaritano tuvo que seguir su camino, dio dinero al posadero y le dijo: "Cuida bien a este hombre. Si gastas más de lo que ahora te dejó, te lo pagaré a mi regreso."

Terminada la narración de la parábola, le pregunté:

— ¿Cual de estos tres hombres te parece que fue el prójimo del que cayó en manos de los ladrones?

Como era de esperar, respondió:

— El que tuvo compasión de él.

La moraleja era correcta. Sólo faltaba aprender la lección y ponerla en práctica.

— Si quieres alcanzar la vida eterna — le dije — haz tú lo mismo.

Después de predicar y curar a los enfermos en un pueblo de Judea, nos retiramos como de costumbre a orar en el silencio de la noche. A la mañana siguiente, algunos de los nuevos discípulos me preguntaron por qué aconsejaba tanto la perseverancia en la oración.

— Suponed — les dije — que uno de vosotros a eso de la medianoche va a casa de un amigo y le dice: "Amigo, préstame unos panes porque acaba de llegar un conocido que va de viaje y no tengo nada que ofrecerle". Suponed, también, que el otro, desde dentro le contesta: "No me molestes ahora. La puerta está ya cerrada y mis hijos y yo estamos acostados. ¡No pretenderás que me levante ahora para darte unos panes!"

¿No es cierto que si el de afuera no se desanima y continúa llamando, el de dentro cederá al fin y, aunque no se levante a darle los panes por razón de su amistad, se levantará y le dará todo lo que necesita para evitar que le siga molestando?

Por eso, os digo: Pedid, y recibiréis; buscad, y hallaréis; llamad, y se os abrirá la puerta. Porque todo el que pide, recibe; y el que busca, halla; y al que llama, Dios le contesta.

¿Qué padre entre vosotros, si su hijo le pide un pan le dará una piedra? ¿O si le pide un pez le dará una serpiente? ¿O si le pide un huevo le dará un escorpión?

Pues si vosotros sabéis dar cosas buenas a vuestros hijos, ¿cuánto más vuestro Padre celestial dará cosas buenas a los que se las piden? Otro día estaba expulsando un demonio que se había posesionado de un hombre dejándole mudo. En cuanto el demonio salió de él, el mudo recobró el habla y los que lo presenciaron quedaron asombrados.

He aquí que entre los presentes había un grupo de escribas y fariseos llegados de Jerusalén los cuales no pudiendo negar la curación, maliciosamente y para desprestigiarme ante el pueblo, la explicaron diciendo que yo expulsaba a los demonios porque me entendía con Beelzebul, príncipe de los demonios, quien me daba poder para expulsarlos.

Invitándoles a un sereno razonamiento, les hice observar lo absurdo y contradictorio que era su explicación.

— Si una nación se divide en dos bandos se destruye a sí misma — les dije — por lo tanto si Satanás se divide contra sí mismo, ¿cómo podrá mantener su poder? Pues eso es lo que vosotros decís: que yo expulso a los demonios por el poder de Beelzebul. Ahora bien, si Beelzebul me da a mí el poder de expulsar demonios, ¿quién se lo da a vuestros exorcistas? ¡Ellos mismos son la prueba de vuestro error! Porque, si yo expulso a los demonios por el poder de Dios, es señal de que el reino de Dios ha llegado a vosotros. Pero no lo veis porque no queréis ver y ante la evidencia cerráis los ojos para no ver las obras de Dios. Por eso os digo que al hombre se le pueden perdonar todos sus pecados menos el pecado de negarse a aceptar los designios de Dios.

No sabiendo que responder prefirieron guardar silencio y retirarse escandalizados por el atrevimiento de mis palabras y la falta de respeto que, según ellos, se merecían como maestros y guardianes fieles de la Ley.

Al verles marchar, dirigiéndome al grupo de gente sencilla que me rodeaba, les avisé diciendo:

— Esta gente malvada y perversa pide una señal del cielo y la única que se les dará es la del profeta Jonás. Por eso os digo que los habitantes de Nínive se levantarán en el día del juicio y les condenarán porque ellos, al escuchar el mensaje de Jonás, se convirtieron ¡Y aquí hay algo más que Jonás!

Muchos de los presentes estaban a mi favor y uno de ellos, una mujer, levantando su voz, gritó:

— ¡Bienaventurado el vientre que te llevó y los pechos que mamaste!

— ¡Bienaventurados, más bien, — respondí — los que oyen la palabra de Dios con un corazón puro y la guardan!

Nadie enciende una lámpara y la pone en un rincón, ni la tapa con una vasija, sino que la pone en alto para que a su luz puedan ver todos los que entran en la casa. Los ojos del hombre son la luz del cuerpo. Si tus ojos son limpios, todo tu serás luminoso; pero si en ellos hay maldad, todo tu serás obscuridad.

Continué mi gira misionera por los pueblos de Judea donde, generalmente, fuí bien recibido por la gente, preparados de antemano por la visita de mis discípulos. Eso y la expectación de que también allí obrase alguna de las curaciones milagrosas que había realizado en otras partes, hacía que donde quiera que iba encontrase un público bien dispuesto para escuchar mi mensaje.

Durante unos tres meses recorrimos los pueblos de Judea predicando la llegada del reino, curando a los enfermos y ayudando a los necesitados. Y ocurrió que, en cierta ocasión, se me acercó un hombre rogándome que interpusiera mi autoridad moral para resolver una cuestión financiera.

— Maestro, di a mi hermano que reparta su herencia conmigo.

Extrañado por semejante petición, le pregunté:

— ¿Quien me ha constituido juez o repartidor de herencias?

No supo qué contestar y, aprovechando la oportunidad, me dirigí al numeroso grupo de personas que me rodeaba, para advertirles sobre el peligro de la avaricia y la necedad de quien pone su confianza en el dinero, porque ni la felicidad ni la vida del hombre depende de la abundancia de sus riquezas.

Usando una parábola, les dije:

— Una vez, un hombre rico, obtuvo una gran cosecha en sus campos. Al verla, pensó: "¿Qué haré ahora? ¡No tengo lugar bastante donde guardar semejante cosecha!". Y buscando la manera de almacenarla y conservarla bien, decidió derribar sus graneros y hacer otros más grandes donde poder guardar toda su cosecha y todo cuanto tenía. Así lo hizo y, cuando al fin, vio la obra terminada, se dijo: "Ahora que ya tengo riqueza acumulada para muchos años, puedo vivir tranquilo, comer, beber y divertirme". Pero Dios le dijo: "¡Necio! Esta misma noche vas a morir. ¿De qué te aprovecharán todos los bienes que has almacenado?"

Concluí con la advertencia:

— Esto es lo que sucede al que acumula riquezas pensando sólo en sí mismo y no se hace rico a los ojos de Dios.

Comentando luego la enseñanza de la parábola con el grupo de mis discípulos, les exhorté diciendo:

— ¡No seáis hombres de poca fe! No os atormentéis buscando qué comer o qué beber. Esas son las cosas que preocupan a los que no conocen a Dios; pero vuestro Padre celestial sabe que las necesitáis. Vosotros, en cambio, buscad primero el reino de Dios, y Dios se encargará que no os falte lo demás.

Vended vuestros bienes y repartid el producto entre los necesitados. Así os haréis un tesoro inagotable en el cielo, donde no hay ladrones que lo roben ni polilla que lo destruya.

No dejéis para mañana el bien que podéis hacer hoy — les advertí — porque, cuando menos lo esperéis, llegará el día que no tiene mañana.

Comentando lo mucho que habían recibido de Dios, y por tanto la responsabilidad que sobre ellos recaía, les conté otra parábola para que, sacando la moraleja, obrasen en consecuencia.

— Un rey muy poderoso fue a un país lejano para recibir una nueva investidura y regresar después. Pero antes de partir, escogió a tres siervos y a cada uno le entregó una cantidad de dinero, diciéndoles: "Negociad con este dinero hasta que yo regrese".

A su regreso mandó llamar a los siervos a quienes había confiado su dinero, para saber cómo habían negociado con él. Se presentó, pues, el primero de ellos y dijo: "Señor, tu capital ha producido diez veces más". Y complacido por la administración de su dinero, el rey le contestó: "Puesto que supiste administrar bien el dinero que te confié, yo te encomiendo el gobierno de diez ciudades".

Después se presentó el segundo siervo y le dijo: "Señor, tu capital ha producido cinco veces más". También a éste le contestó el rey complacido: "A ti te encomiendo el gobierno de cinco ciudades".

Pero luego se presentó el tercero diciendo: "Señor, aquí tienes tu dinero. Lo he guardado bien en esta caja por miedo a ti, pues sé que eres un hombre duro, que pretendes cosechar donde no sembraste". El rey indignado le contestó: "Siervo inútil, tus propias palabras te condenan. Si sabías que soy un hombre exigente, ¿por qué no depositaste mi dinero en un banco para que de esa manera hubiera producido al menos intereses?"

Entonces el rey ordenó: "Quitadle a éste siervo necio e inútil el capital que le confié, y dádselo al que tiene diez veces más".

Ellos le dijeron: "¡Señor, ya tiene diez veces más!"

Y el rey contestó: "En verdad os digo, que todo siervo que administró fielmente el capital que le confié, recibirá más. En cambio, al siervo que no produjo nada con el capital que le confié, se le quitará lo que se le dio. Porque al que mucho se le dio mucho se le exigirá".

CAPÍTULO XVI

Por aquellos días tuvo lugar la matanza que el procurador romano Poncio Pilatos ordenó cuando un grupo de galileos ofrecía sacrificios en el Templo. Siendo yo galileo, algunos fariseos creyeron oportuno preguntarme mi opinión, pues según sus creencias el mal material es siempre castigo de Dios por un pecado específico del hombre.

— ¿Creéis — les pregunté — que esos galileos sufrieron tal suerte porque fueran más pecadores que todos los demás?

No se atrevieron a contestar mi pregunta, y respondí:

— En verdad os digo que no, y que si no cambiáis vuestra manera de pensar respecto al reino de Dios y su Mesías, todos igualmente pereceréis.

Me refería a la destrucción total del pueblo por los romanos pero no me entendían, a pesar de que llevaba casi tres años repitiendoles que el reino de Dios no es un reino político, sino un reino espiritual, y que el Mesías no viene a conquistar el mundo por la fuerza de las armas sino el corazón de los hombres por la fuerza del amor. Rehusaban aceptarlo porque preferían un Mesías militar que acabase con el yugo de Roma e instaurase en Israel un dominio universal sobre todas las naciones.

Viendo que la ceguera de las autoridades religiosas conducían a mi pueblo hacia el desastre, y que un día serían severamente juzgados por Dios por rechazar las oportunidades que les brindaba, recurrí a una parábola para hacerles pensar sobre las consecuencias de su rechazo a los planes de Dios.

— Un hombre plantó una higuera en su viña — les dije — y cuando fue a buscar higos en ella, no encontró ninguno. Defraudado por ello, dijo al que cuidaba la viña: "Hace ya tres años que vengo en busca del fruto de esta higuera, y nunca lo tiene. Así que córtala, pues está ocupando un terreno inútilmente". Pero el viñador le suplicó: "Señor, déjala un año más. Cavaré la tierra alrededor de la higuera y le echaré abono a ver si da fruto el próximo año; si no lo da, la cortas entonces".

Comentando luego la parábola con mis discípulos, según era mi costumbre, les advertí:

— Dios es infinitamente bondadoso y paciente, aún con los que no producen fruto alguno dándoles la oportunidad de arrepentirse y cambiar de vida; pero la vida del hombre en la tierra es limitada por lo que siempre hay una última oportunidad y, quien la rechaza, será también rechazado por Dios.

Influenciados por la creencia general de que bastaba ser descendiente de Abraham para entrar en el reino de Dios, les costaba creer que algún israelita pudiera quedar excluido y así me lo hicieron saber.

— Muchos hijos de Abraham intentarán entrar — les contesté — pero no podrán porque no respondieron a tiempo a la llamada del Señor. Después que se cierre la puerta, los que hayan quedado fuera llamarán, diciendo: "¡Señor, ábrenos!" Pero él contestará: "¡No sé quienes sois!" Ellos le dirán: ¡Nosotros hemos comido y bebido contigo, y escuchamos tu palabra!" Pero él replicará: "No os conozco, obradores de iniquidad, que malgastasteis la vida obrando el mal en vez de hacer el bien". Entonces llorarán desesperados, viendo a Abraham, Isaac, Jacob y a todos los profetas en el reino de Dios, mientras ellos son arrojados fuera para siempre.

En cambio, vendrá gente de oriente y de occidente, del norte y del sur, y entrará en el reino de Dios. Porque muchos que fueron llamados primero, serán los últimos, y los últimos en ser llamados, serán los primeros.

Predicando en la Transjordania observé que los escribas y fariseos de aquella región, quizá por estar más alejados de Jerusalén, eran menos fanáticos y estaban más dispuestos a escucharme. De hecho, uno de aquellos buenos fariseos me invitó a cenar en su casa preparando un gran festín al que fueron también invitados varios fariseos y notables de la ciudad.

Al ver como rivalizaban los invitados entre si por conseguir los puestos de honor en la mesa, les dije a modo de ejemplo:

— Cuando alguien te invite a un banquete, no te sientes en el lugar principal, no sea que entre los invitados haya otro más importante que tú y suceda que el que os invitó a los dos, te diga: "Tienes que cederle el sitio a este", y entonces tengas que ir avergonzado a sentarte en el último lugar. Cuando seas invitado a un banquete, siéntate en el último lugar; así, al llegar el que te invitó, te dirá: "Amigo, ven acá. Siéntate en este lugar de más categoría". Entonces aumentará tu prestigio ante los otros invitados. Porque todo el que pretenda ser superior a los demás, será humillado; pero el que a sí mismo se humille, ése será ensalzado.

Dirigiéndome luego a quien me había invitado, le dije:

— Cuando prepares una comida o una cena, no invites a tus amigos, a tus hermanos, a tus parientes o a tus vecinos ricos, porque después ellos te invitarán a ti, y quedarás así recompensado. Por el contrario, cuando des un banquete, invita a los pobres, a los inválidos y desamparados. Ellos no podrán corresponderte; y por eso precisamente serás bienaventurado porque Dios te lo recompensará en el reino de los cielos.

Al oír esto, uno de los invitados, exclamó:

— ¡Bienaventurado quien pueda sentarse a la mesa en el reino de Dios!

Respondiendo a lo cual, les conté una parábola:

— Una vez, un rey preparó un gran banquete e invitó a las personas mas notables del lugar. Cuando llegó el día del banquete, envió a sus criados a decir a los invitados: "Venid, que ya está todo preparado". Pero todos ellos comenzaron a excusarse. Uno dijo: "He comprado unas tierras y tengo que ir a verlas. Te ruego me disculpes". Otro dijo: "Acabo de comprar cinco yuntas de bueyes y tengo que ir a probarlas. Discúlpame, por favor". El tercero, dijo: "No puedo ir porque acabo de casarme".

Cuando los criados regresaron, refirieron al rey lo que había ocurrido. Entonces el rey, muy enojado, les ordenó: "Salid por las calles de la ciudad y traed aquí a los pobres, a los inválidos y desamparados". Los criados así lo hicieron, pero aún quedaban lugares vacíos en el salón del banquete. Entonces, el rey les dijo: "Salid a los caminos que llegan a la ciudad e invitad a los forasteros hasta que el salón se llene, porque ninguno de los que estaban invitados gustarán de mis manjares".

Lleno ya el salón, cuando el rey entró a saludar a los comensales, observó que uno de ellos no se había lavado ni puesto una túnica limpia. Y ofendido por el desprecio, le preguntó: "Amigo, ¿por qué entraste así?" El se negó a dar una explicación, y el rey ordenó a sus criados: "Echadle fuera a la calle, porque no todos los invitados son dignos del banquete sino solo los que vienen preparados".

En Jericó me esperaba un enorme gentío que había salido a recibirme lleno de entusiasmo. Entre ellos se encontraba un hombre rico llamado Zaqueo, jefe de los recaudadores de impuestos de la región, quien había oído hablar de mi actitud para con las personas de su oficio y deseaba conocerme. Como él era bajo de estatura, y yo caminaba rodeado de gente, se había subido a un árbol para poder verme al pasar.

Al llegar donde él estaba me llamó la atención. Pregunté quien era y, deteniéndome, le dije:

— Zaqueo, baja porque es conveniente que hoy me hospede en tu casa.

Al oír estas palabras se escandalizaron los fariseos y algunos puritanos quienes comenzaron a murmurar y criticar mi conducta por alojarme en casa de un pecador.

Conociendo sus pensamientos, les pregunté:

— ¿Quien de vosotros, si tiene cien ovejas y se le pierde una de ellas, no deja en el redil las otras noventa y nueve y sale en busca de la que se perdió? Y cuando la encuentra, ¿no se la pone sobre sus hombros lleno de alegría, y al llegar a casa, reuniendo a sus amigos y vecinos, les dice: "¡Alegraos conmigo, porque ya encontré a la oveja que se me había perdido!"

En verdad os digo que, igualmente, en el cielo hay más alegría por un pecador que se arrepiente que por noventa y nueve que no necesitan convertirse.

¿Qué mujer — continué — si tiene diez monedas y pierde una de ellas, no enciende una lámpara, barre la casa y la busca cuidadosamente hasta que la encuentra? Y cuando la encuentra, reúne gozosa a sus amigas y vecinas y les dice: "¡Alegraos conmigo, porque ya encontré la moneda que había perdido!

Pues yo os digo que igualmente se alegran los ángeles de Dios por un solo pecador que se convierte.

Seguí mi camino y cuando llegué a la casa de Zaqueo me recibió diciendo:

— Señor, he decidido dar a los pobres la mitad de mis bienes y devolver cuatro veces más a los que haya defraudado en algo.

Movido por la sinceridad de su conversión, dije a mis acompañantes:

— Hoy ha llegado la salvación a esta casa, pues también él es descendiente de Abraham, y yo he venido para buscar y salvar a los que estaban perdidos.

Después de la comida, a la que Zaqueo invitó a un grupo de amigos, publicanos como él en su mayoría, les conté una parábola para manifestarles la actitud de Dios para con el pecador que se arrepiente y cual debiera ser la actitud del hombre que se cree "justo" para con el pecador arrepentido.

— Había una vez un padre que tenía dos hijos. El menor de ellos un día le dijo: "Padre, dame la parte de la herencia que me pertenece". El padre repartió entonces sus bienes entre los dos hijos y, a los pocos días, el hijo menor reuniendo cuanto tenía se marchó a un país lejano, donde despilfarró todo de mala manera.

Cuando estaba ya sin dinero, sobrevino un hambre terrible en aquella región, y también él empezó a pasar necesidad. Buscó trabajo y lo único que encontró fue cuidar una manada de puercos. Era tal su hambre que deseaba llenar el estómago con la comida de los puercos, pero no le era permitido.

Entonces recapacitó y se dijo: "Cuántos jornaleros en la casa de mi padre tienen comida en abundancia, mientras yo estoy aquí muriéndome de hambre. Volveré a mi padre y le diré: "Padre mío, he pecado contra Dios y contra ti, y ya no merezco que me llames hijo; trátame como uno de tus jornaleros".

Así lo hizo y se puso en camino para volver a casa de su padre. Aún estaba lejos de allí, cuando el padre le vio y, profundamente conmovido, salió corriendo a su encuentro, le estrechó en sus brazos y le besó. El hijo empezó a decir: "Padre he pecado contra Dios y contra ti, y ya no merezco que me llames hijo". Pero el padre ordenó a sus criados: "Traed pronto las mejores ropas y vestidle; ponedle un anillo en el dedo y calzado en los pies. Matad luego un ternero bien cebado y haremos fiesta, porque este hijo mío estaba muerto y ha vuelto a la vida; se había perdido, y le hemos encontrado". Y comenzaron una gran fiesta.

Entre tanto, el hijo mayor, que estaba trabajando en el campo, regresó a casa. Mientras se acercaba, oyó la música y el ruido de la fiesta y, llamando a uno de los criados, preguntó qué significaba todo aquello. El criado le contestó: "Es que tu padre ha ordenado matar un becerro cebado porque tu hermano ha regresado sano y salvo".

El hermano mayor, irritado al oír esto, se negó a entrar en la casa, a pesar de que su padre salió a rogarle que lo hiciera. Contestando a los ruegos de su padre, le digo: "Desde hace muchos años vengo trabajando para ti, sin jamás desobedecerte en nada, y tu nunca me has dado siquiera un cabrito para hacer una fiesta con mis amigos. Ahora resulta que llega este hijo tuyo, que se ha gastado tu propio dinero con prostitutas, y mandas matar un ternero cebado para celebrarlo".

El padre le contestó: "Hijo mío, tú siempre has estado conmigo, y todo lo mío es tuyo. Pero ahora tenemos que hacer fiesta y alegrarnos, porque tu hermano estaba muerto y ha vuelto a la vida; se había perdido y le hemos encontrado".

Fiel a su promesa y deseoso de acumular cuanto antes un tesoro en el cielo, el siguiente día comenzó Zaqueo a distribuir sus bienes entre los pobres, las viudas y los desamparados de Jericó y sus alrededores.

Los fariseos, que eran amantes del dinero, inmediatamente comenzaron a criticar a Zaqueo por semejante despilfarro, acusándome a mí de ser la causa de tal locura.

Los sacerdotes, por su parte, se acercaron piadosamente a Zaqueo para aconsejarle: "Si te molesta la riqueza y quieres desprenderte de ella, ofrécela al templo del Altísimo, pero no la derroches repartiéndola entre gente que no lo merece".

Los doctores de la Ley, en cambio, me acusaban de ser un ignorante, citando para probarlo algunos pasajes de las escrituras que alaban la prosperidad material como una bendición de Dios y un premio para quien observa los preceptos de la ley, así como otros pasajes donde se presenta la pobreza y la miseria como castigos de Dios para con el pecador y el impío.

— Si tu eres pobre — me decían — peor para ti; señal de que Dios no te concede el premio de los justos porque no lo mereces. Pero, al menos, respeta la Ley y no conduzcas a la ruina a los que te escuchan.

Refiriéndome al verdadero motivo por el que los fariseos defendían la riqueza, reproché públicamente su hipocresía diciéndoles:

— ¡Ay de vosotros, que pretendéis pasar por hombres justos alardeando de vuestras riquezas! ¿De qué os sirve engañar a los hombres, si Dios sabe bien lo que hay en vuestros corazones y es abominable para El?

No vine a destruir la Ley, sino a perfeccionarla dándola su verdadero sentido, por eso respondí la acusación de los doctores diciendo:

— La Ley de Moisés y las enseñanzas de los profetas tuvieron plena vigencia hasta que vino Juan el Bautista anunciando la llegada del reino de Dios. Desde entonces la Ley ya no promete bienes materiales a los justos y, a veces, exige hasta desprenderse de ellos si nos impiden entrar en el reino.

Y para enseñarles que Dios no premia al justo con riquezas materiales ni castiga al pecador con la pobreza, les narré una parábola:

— Había una vez un hombre muy rico que vestía trajes de gran valor, hechos de púrpura y lino, quien todos los días celebraba fiestas y banquetes. Y había también un hombre muy pobre, llamado Lázaro, cubierto de llagas, que yacía en la calle junto a la casa del rico; desde allí oía la música y el rumor de los banquetes mientras él pasaba hambre y deseaba comer siquiera las migajas que caían de la mesa del banquete. Tal era su miseria que hasta los perros se acercaban a lamer sus llagas.

Un día murió el pobre Lázaro abandonado de todos y Dios envió a sus ángeles que le llevaron al cielo. Poco después murió también el hombre rico y desde la tumba, donde le sepultaron con gran pompa, fue a parar al infierno donde se encontró sumido en terribles tormentos.

Desde el abismo, el rico levantó sus ojos y vio en el cielo a Abraham y, junto con él, a Lázaro. Entonces exclamó: "¡Padre Abraham, ten piedad de mí y envía a Lázaro para que moje en el agua la punta de su dedo y refresque mi lengua, porque me consumo en este lugar de llamas!"

"Abraham le contestó: "Acuérdate, hijo, que durante tu vida terrena recibiste muchos bienes, y Lázaro en cambio sólo recibió males pero tu nunca te ocupaste de él; por eso, ahora él es aquí consolado y tu eres atormentado".

El rico, entonces, le suplicó: "Te ruego, padre, que envíes a Lázaro a casa de mi padre y mis hermanos, a fin de que les hable para que no vengan también ellos a este lugar de tormento".

Abraham le respondió: "Tienen a Moisés y los profetas. Que estudien sus enseñanzas y eso les bastará". Pero el rico le insistía diciendo: "No, padre Abraham, eso no les bastará. En cambio, si alguno de los que han muerto va a hablarles se convertirán". A lo que Abraham contestó: "Si no escuchan a Moisés y los profetas, tampoco se convencerán aunque resucite uno de los que están muertos".

Y concluí la parábola con la advertencia:

— Quien tenga oídos para oír, oiga; porque el cielo y la tierra pasarán, pero mis palabras no pasarán.

CAPÍTULO XVII

erminada mi estancia en Jericó emprendimos el camino de regreso a Galilea. ¡Cuanto anhelaba volver a ver a mi madre! Las autoridades religiosas habían determinado acabar conmigo y deseaba prepararla para el momento, ya cercano, en que "una espada de dolor atravesaría su corazón", como le había sido anunciado por el anciano Simeón.

En nuestro caminar, y para inculcarles la necesidad de orar siempre, sin desanimarse, les dije:

— Había en una ciudad un juez que no tenía temor de Dios ni respeto a los hombres. En la misma ciudad vivía también una viuda que un día acudió al juez, rogándole: "Hazme justicia pues me persigue mi adversario". Durante mucho tiempo el juez no le hizo caso, pero tanto insistió ella que al fin razonó diciendose: "Aunque no temo a Dios ni a los hombres, voy a hacer justicia a esta viuda para que no me siga molestando".

Terminada la parábola, añadí:

— Si así obro aquel juez inicuo, ¿no hará Dios justicia a sus elegidos que claman a él noche y día? En verdad os digo que quien persevere en la oración no desfallecerá en su fe ni caerá en los lazos del tentador.

Y para que al orar no alardeasen del privilegio de haber sido escogidos para anunciar el reino de Dios y despreciaran a los demás, les conté otra parábola:

— En cierta ocasión, dos hombres fueron al templo a orar. Uno de ellos era un fariseo y el otro un publicano. El fariseo, presumiendo de ser hombre justo, se colocó en el centro del atrio y allí, puesto en pie para que todos le vieran, oraba en voz alta diciendo así: "¡Oh,

Dios! Te doy gracias porque no soy como los demás hombres: ladrones, malvados y adúlteros, ni tampoco como este publicano. Yo ayuno dos veces por semana y te ofrezco el diezmo de todas mis ganancias".

En cambio, el publicano consciente del desprecio que le profesaban los hombres que se creen piadosos y justos, se había quedado en un rincón y allí, sin atreverse a levantar los ojos del suelo, se golpeaba el pecho diciendo: "Dios mío, ten compasión de mi que soy un pecador".

En verdad os digo, que el publicano volvió a su casa con sus pecados perdonados, pero el fariseo no.

Al llegar a los confines de Samaria y Galilea, salió a mi encuentro un grupo de leprosos para rogarme que los curase. Manteniendose a cierta distancia, como esta prescrito por la ley, me gritaban que tuviese compasión de ellos.

Compadecido me acerqué a donde estaban, y les dije:

— Si tenéis fe en mi, id a presentaros a los sacerdotes para que verifiquen vuestra curación.

Así lo hicieron y sucedió que en el camino se sintieron curados de su lepra. Uno de ellos, al verse limpio, regresó alabando a Dios y postrado de rodillas me dio las gracias.

Extrañado de que solamente uno de ellos hubiera regresado para mostrar su gratitud, pregunté:

— ¿No fueron diez los que quedaron limpios? ¿Dónde están los otros nueve?

Dirigiéndome a él, le bendije diciendo:

— Levántate y vete en paz, porque tu fe te ha salvado.

Al fin llegamos a Cafarnaúm donde nos salió a recibir un numeroso grupo de familiares, amigos y simpatizantes. Y al frente de todos ellos una turba de niños que se adelantaron corriendo para ser los primeros en abrazarme. Tanto era el bullicio que hacían con sus gritos de alegría que Pedro les incriminó duramente para que no me molestaran.

Cargando en mis brazos al más pequeño, y rodeado de los demás niños que se apiñaban junto a mí, le dije:

— Deja que los niños vengan a mí y no se lo impidas, porque de ellos es el reino de Dios. Te aseguro que quien no reciba el reino de Dios con el amor y la humildad de un niño, no entrará en él.

Y estrechándolos entre mis brazos, les di mi bendición.

A los pocos días de mi llegada, me vino a ver un grupo de fariseos para pedirme mi opinión sobre un punto de la Ley que por mucho tiempo había sido discutido en las escuelas rabínicas sin llegar a una conclusión clara y definitiva.

— Maestro — me preguntaron — ¿es lícito al hombre repudiar a su propia mujer por una causa cualquiera?

La pregunta era concreta y la respuesta debía serlo también. Por eso respondí:

— No; no le es lícito al hombre repudiar a su mujer por una causa cualquiera.

No quedaron satisfechos con mi respuesta que condenaba la arbitrariedad con que practicaban la ley del divorcio, anulando la dignidad de la mujer. Y remontándome al origen de la cuestión, añadí:

— ¿No habéis leído que cuando creó Dios el género humano los hizo hombre y mujer, y dijo: "Dejará el hombre a su padre y a su madre y se unirá a su mujer, y ambos llegaran a ser como una sola persona"? De modo que ya no son dos sino una sola persona, por eso lo que Dios ha unido no debe separarlo el hombre.

Como era de esperar, replicaron:

— ¿Por qué, entonces, manda la Ley que cuando el marido decida separarse de su mujer le de acta de repudio?

— Por la debilidad del corazón humano permitió Moisés el divorcio bajo ciertas condiciones — respondí — pero, el plan de Dios, y por tanto el ideal a que aspirar en toda unión matrimonial, es que dure para siempre. Por eso os digo que quien repudia a su mujer sin una causa que lo justifique y se une a otra comete adulterio.

No era esa la respuesta que los fariseos buscaban y escandalizados por mi supuesta arrogancia, se retiraron sin llegar a comprender que mi intención no era anular la Ley sino purificarla, enfatizando el ideal del matrimonio y devolviendo a la mujer su dignidad.

Tampoco llegaron a entenderlo mis discípulos, casados muchos de ellos, quienes confundidos exclamaron:

— Si esa es la condición del hombre respecto de la mujer, más vale no casarse.

— El matrimonio perfecto — les aclaré — es el ideal, pero no es un mandamiento inflexible porque no todos pueden alcanzar la perfección. Por eso, la concesión del divorcio no es sino el reconocimiento de que todos los seres humanos pueden errar, ofreciendo a los que fracasan la oportunidad de rehacer su vida pues, como dice la Escritura, "no es bueno que el hombre esté solo".

Por otra parte — añadí — el matrimonio no es un mandamiento universal ni un requisito para entrar en el reino de los cielos. Hay quienes nacen incapacitados para el matrimonio y otros que renuncian a él a fin de estar más disponibles para el servicio de Dios; porque quien contrae matrimonio debe dedicar su vida entera a su esposa y la esposa a su marido. El uno se convierte en posesión exclusiva del otro, lo mismo que la ofrenda hecha a Dios se convierte en posesión exclusiva de Dios. De ahí que quien ama a su mujer como a su propio cuerpo la cuida como a sí mismo; mientras que el esposo que por egoísmo abandona a su mujer y se casa con otra comete adulterio.

Comprendiendo que mis palabras chocaban demasiado con la enseñanza ancestral de los rabinos, les dije:

— No todos pueden entender mis palabras, sino sólo los que las reciben con la mente abierta y el corazón dispuesto. Por eso os digo, el que pueda aceptar ésto, que lo acepte.

Mi estancia en Cafarnaúm fue muy breve; más aún de lo que yo había planeado, pues a los pocos días me llegó de Betania un mensaje urgente con la triste noticia de que mi buen amigo Lázaro estaba gravemente enfermo. Sus dos hermanas, Marta y María, me suplicaban acudiese cuanto antes pues, según ellas, estaba en peligro inminente de muerte.

Tomando conmigo a los doce apóstoles salí con ellos camino de Betania pensando reunirnos después con el resto de los discípulos y familiares que ya estaban preparando el viaje a Jerusalén para celebrar la fiesta de la Pascua.

Procuramos evitar el paso por ciudades y aldeas para eludir en lo posible encuentros que demorasen nuestro caminar. Eso me dio la oportunidad de estar más tiempo a solas con los doce y prepararles para el desenlace trágico que se avecinaba.

Todavía seguían aferrados a la idea de un nuevo reino donde ellos, que tuvieron el privilegio de ser los primeros en seguirme, ocuparían los cargos más importantes y apenas podían disimular un cierto resentimiento para con los nuevos discípulos que se nos habían ido añadiendo.

Eran los primeros días de la primavera cuando los campos de viñedo comenzaban a retoñar, exigiendo unas semanas de trabajo intenso en las que todos los propietarios buscan jornaleros. Y aprovechando la oportunidad, les conté una parábola cuya moraleja les haría pensar acerca de la recompensa prometida por mi Padre a los trabajadores del reino y cómo sería repartida.

— El reino de los cielos — les dije — puede compararse a un propietario de viñas que en el tiempo de estas faenas salió temprano de mañana en busca de jornaleros. En la plaza del pueblo encontró algunos y acordando con ellos sobre el jornal, que sería un denario de plata, los envió a trabajar a su viña.

Hacia las nueve de la mañana volvió de nuevo a la plaza, y encontrando más jornaleros que estaban sin hacer nada, les ofreció trabajo y envió también a su viña. Volvió a la plaza a eso del mediodía, y otra vez a las tres de la tarde, e hizo lo mismo.

Finalmente, a eso de las cinco de la tarde, volvió a la plaza y encontró algunos más que estaban sin trabajo. Les preguntó: "¿Por qué estáis aquí todo el día sin hacer nada?" Le contestaron: "Porque nadie nos ha contratado". Entonces el amo les dijo: "Id también vosotros a trabajar en mi viña".

Al terminar la jornada, el amo de la viña ordenó a su administrador: "Llama a los jornaleros y págales sus salario, empezando por los últimos hasta llegar a los primeros".

Así lo hizo el administrador y llamando a los últimos que habían comenzado a trabajar a las cinco de la tarde, les pagó un denario que era el salario correspondiente a un día entero de trabajo. Al ver eso, los que habían comenzado a trabajar en la mañana pensaron que recibirían más; pero cuando les llego su turno, recibieron un denario, igual que los demás. Indignados se pusieron a murmurar contra el amo de la viña, diciendo: "Es injusto que a éstos, que solo han trabajado una hora, les pagues lo mismo que a nosotros, que hemos trabajado toda la jornada soportando el calor del día".

Entonces el amo, dirigiendose a uno de los que más protestaban, le dijo: "Amigo, yo no te trato injustamente. ¿No acordaste conmigo en un denario por día de trabajo? Aquí lo tienes, y con ello pago tu trabajo. Si doy al jornalero que llegó el último lo mismo que a ti, no te hago injuria alguna. ¿Es que no puedo ser generoso con tus compañeros porque tu seas envidioso?"

Y concluí la parábola advirtiéndoles: Así también, en el reino de los cielos, los últimos en ser llamados serán recompensados como los primeros porque a los ojos de Dios lo que cuenta no es el tiempo de servicio sino el amor con que se hace.

Faltando solamente dos días de camino para llegar a Betania nos alcanzó un mensajero con la triste noticia de que Lázaro acababa de morir. Leído el mensaje, anuncié a mis discípulos:

— Lázaro, nuestro amigo, se ha dormido.

Como no entendieron que me refería al sueño de la muerte, me animaban diciendo:

— Señor, si duerme es buena señal; eso quiere decir que se está recuperando.

Abiertamente tuve que decirles que Lázaro había muerto, y apresuramos nuestro caminar para llegar cuanto antes, pues me imaginaba el dolor de Marta y María que, con tanto amor, habían dedicado gran parte de su vida a cuidar a su enfermizo hermano.

Apenas llegué a los confines del pueblo, cuando Marta se enteró de mi llegada y salió apresurada a mi encuentro.

Entre lágrimas y sollozos me reprochó:

— Señor, si hubieras estado aquí, no habría muerto mi hermano.

— Marta, tu hermano resucitará — le contesté.

— Sé que resucitará al fin de los tiempos, cuando tenga lugar la resurrección de los muertos — respondió.

Mirándole fijamente a los ojos, le dije:

— Marta, en verdad te digo que quien cree en mi, aunque muera, vivirá para siempre. ¿Crees tu eso?

— Señor, yo creo que tu eres el Mesías, enviado por Dios para la salvación del mundo.

Dicho ésto, fue a llamar a su hermana María, que estaba en la casa rodeada de la gente que había venido para darles el pésame y, acercándose a ella, le dijo al oído:

— El Maestro está aquí y pregunta por ti.

Al oír que estaba yo allí se levantó rápidamente y salió a mi encuentro. Las personas que la acompañaban al ver que se levantaba y salía de la casa muy deprisa, la siguieron, pensando que iría a la tumba de su hermano para llorar.

Al llegar donde yo estaba, María se arrojó a mis pies y exclamó entre suspiros:

— Señor, ¿por qué ha muerto mi hermano? Tu que das vista a los ciegos y limpias los leprosos pudieras haberlo evitado, porque Dios está contigo y no puede negarte nada.

Profundamente conmovido, le pregunté:

— ¿Dónde le habéis sepultado?

— Ven a verlo, Señor — me dijo conduciéndome hasta la tumba excavada en la ladera de la colina, a pocos pasos de la casa.

Al tocar la piedra que cerraba la entrada del sepulcro, no pude evitar que las lágrimas me corriesen por las mejillas; viendo lo cual, uno de los presentes exclamó: "Mirad cómo le amaba". Y así era en efecto.

La noche antes de marchar de Betania, preparó un convite en mi honor Simón, apodado el leproso, quien en mi anterior visita había sido curado por su fe y la misericordia de Dios. Simón, hombre rico e influyente en la comunidad que esperaba la llegada del reino, me hizo saber que, según informes confidenciales que había recibido, las autoridades religiosas buscaban la manera de arrestarme en Jerusalén, con motivo de la Pascua.

Según Simón, los jefes de los sacerdotes y los fariseos habían convocado una reunión urgente del Consejo Supremo en la que me acusaron de ser una amenaza para la religión establecida y un peligro para la seguridad de la nación.

— Si le dejamos continuar así — alegaron — todo el pueblo va a creer en él con lo que las autoridades romanas tendrán que intervenir, y destruirán el templo del Altísimo y nuestra nación.

No todos opinaban lo mismo, y al no lograr un consenso general, tomó la palabra Caifás, que era Sumo Sacerdote aquel año, quien resolvió la controversia diciendo:

— ¿No comprendéis que conviene que muera un hombre para salvación de los demás?

En realidad Caifás no hizo esta propuesta por su propia cuenta, sino que por ocupar el cargo de Sumo Sacerdote ese año, había sido inspirado por Dios para anunciar que moriría para salvación del pueblo. Y no solamente del pueblo judío sino de todos los hijos de Dios dispersos por el mundo entero.

A partir de ese momento tomaron el acuerdo de terminar cuanto antes conmigo, por lo que Simón me rogó que me retirase a Galilea y no acudiese a la fiesta de la Pascua, pues las autoridades religiosas habían dado orden de que, si alguien sabía dónde me encontraba, les informara para detenerme.

Estaba ya a punto de terminarse el banquete cuando se presentó inesperadamente María, la hermana de Lázaro, con un frasco de perfume muy caro y acercándose al diván donde estaba reclinado, comenzó a derramarlo primero sobre mi cabeza y después sobre mis pies. La casa entera se llenó de la fragancia de tan exquisito perfume, y algunos de mis discípulos comenzaron a murmurar, diciendo:

— ¿A qué viene tal derroche? ¿No hubiera sido mejor vender ese perfume por una cantidad respetable y haber dado ese dinero a los pobres?

— ¿Por qué la molestáis? — pregunté — ¿No os dais cuenta que a los pobres los tendréis siempre entre vosotros pero a mi no me tendréis mucho tiempo más? Lo que María ha hecho conmigo es una obra buena, fruto de su amor, porque pronto llegará el día en que tendréis que preparar mi cuerpo para la sepultura.

Se acercaban los días de la Pascua y abandonando Betania nos dirigimos a Efraím, por donde solían pasar las caravanas de peregrinos camino de Jerusalén, para reunirnos allí con los demás discípulos y familiares que venían de Galilea y, todos juntos, celebrar la Pascua en la Ciudad Santa.

CAPÍTULO XVIII

En Efraím nos añadimos al grupo de peregrinos recién llegado de Cafarnaúm, entre los cuales se encontraba mi madre en compañía de Salomé y María de Magdala. Se acercaba la celebración de la Pascua y Efraím, por su cercanía a Jerusalén, era un punto de reunión y lugar de descanso para muchas de las comitivas que desde Galilea se dirigían a la Ciudad Santa.

Pronto se corrió la noticia de mi presencia y todos me rodeaban deseosos de escuchar mi palabra. Al fervor habitual de los peregrinos se añadió la creencia de que la instauración del nuevo reino de Dios era ya algo inminente pues, hasta mis propios apóstoles, notaron en mi un algo especial que alentaba su expectación y los llenaba de júbilo, convencidos de que algo grande se avecinaba.

Repetidas veces había rechazado las aclamaciones de la multitud, huyendo a veces cuando percibía en ellos un entusiasmo excesivo que ponía en peligro mi misión. Esta vez, en cambio, no sólo no mostraba oposición alguna a sus muestras de entusiasmo sino que, hasta cierto punto, yo mismo las provocaba.

Cuando al amanecer del domingo nos pusimos en camino, mi comitiva estaba formada por cientos de peregrinos pues este año la curiosidad de los comentarios surgidos en torno a mi y mi desafío a las autoridades religiosas, había aumentado grandemente el número de mis habituales acompañantes.

Al llegar a Betfagé, en las cercanías de Jerusalén, hice un alto en el camino y, con gran sorpresa de todos, envié a dos de mis discípulos con este encargo:

— Id a la aldea que está ahí enfrente, y al entrar encontraréis un asno atado, sobre el cual no ha montado nadie. Desatadlo y traédmelo.

El dueño sabe que yo lo necesito para que se cumpla lo anunciado por el profeta: "Decid a Jerusalén, he aquí que tu rey viene a ti, lleno de humildad, montado sobre un asno".

El efecto que mis palabras produjeron en los que me acompañaban fue de un júbilo incontenible, convencidos de que al fin había decidido proclamarme Mesías e instaurar el nuevo reino.

La expectación que en esos momentos estaban viviendo era tal que mis apóstoles comenzaron entre sí a discutir sobre quienes ocuparían los puestos principales, lo cual provocó un lamentable incidente cuando los dos hermanos Juan y Santiago, acompañados por su madre, se presentaron para hacerme una petición:

— Señor — me dijo Salomé poniéndose de rodillas ante mí — concédeme que mis hijos se sienten a tu lado en tu reino: el uno a tu derecha y el otro a tu izquierda.

Su petición me cogió totalmente por sorpresa y, tras un momento de silencio, mirándoles fijamente, les dije:

— No sabéis lo que estáis pidiendo. ¿Podréis beber la misma copa de amargura que yo estoy a punto de beber?

Sin pensar siquiera en el alcance de mis palabras, respondieron:

— ¡Si, podremos hacerlo!

Aún aceptando la sinceridad de su respuesta, rechacé no obstante su petición.

— En verdad os digo, que beberéis de mi copa de amargura — les dije — pero el que os sentéis el uno a mi derecha y el otro a mi izquierda, no es cosa mía concederlo, porque los puestos serán otorgados por mi Padre Celestial.

La reacción de los otros diez apóstoles no se hizo de esperar mostrando con su indignación que, en el fondo, compartían con ellos esa misma ambición. Por lo que reuniendo a los contendientes les amonesté, diciendo:

— Los gobernantes someten a las naciones a su dominio, y les hacen sentir su autoridad. Pero entre vosotros no debe ser así. Antes bien, el que quiera ser grande, deberá ponerse al servicio de los demás. Y si alguno de vosotros quiere ser principal deberá hacerse servidor de todos a ejemplo mío, pues no vine a este mundo para ser servido sino para servir y dar mi vida por los demás.

Regresados los dos discípulos con el asno, monté sobre él y poniéndome a la cabeza de la comitiva, me dirigí a la Ciudad Santa rodeado de un gran gentío que, llenos de alegría, tendían sus mantos multicolores a lo largo del camino por donde iba a pasar y cortando ramas de olivo y palmera las agitaban gritando:

— ¡Viva el hijo de David! ¡Bendito el que viene en nombre del Señor! ¡Gloria al Dios Altísimo!

De esta manera, en medio de la algarabía y entusiasmo del pueblo, hice mi entrada triunfal en Jerusalén bajo la vigilancia de las autoridades religiosas y seguido muy de cerca por un grupo de fariseos que no podían ocultar su escándalo.

Toda la ciudad se conmovió, y mientras los peregrinos de la diáspora preguntaban quien era ese hombre a quien aclamaban entre palmas, los más conocedores formaban grupos en las calles al paso de la comitiva para comentar su sorpresa ante mi desafío público a las autoridades religiosas, o bien para congratularse porque, no haciendo distinción entre política y religión, celebraban mi triunfo con la esperanza de una pronta liberación.

Así llegamos hasta la puerta del templo, donde grupos de muchachos que se hallaban entre el gentío comenzaron a gritar, en presencia de los escribas y sacerdotes:

— ¡Hosanna al Hijo de David!

Escandalizados por semejante saludo, protestaron diciéndome:

— ¿No oyes lo que esos muchachos dicen?

Por respuesta, a mi vez, les pregunté:

— ¿Es que no habéis leído en la Escrituras: "De la boca de los muchachos y de los niños brotará la alabanza"?

Al entrar en el atrio del templo recordé la impresión que había recibido cuando de niño lo visité por vez primera en compañía de mis padres. El olor a estiércol, el mugido de los bueyes y el balido de las ovejas habían convertido el atrio en un establo, y el vocerío de los mercaderes y cambistas habían hecho de aquel recinto sagrado una feria de ganado.

Indignado por semejante profanación, reuní un haz de cuerdas en forma de látigo y arremetí golpeando a bestias y hombres, derribando las mesas de los cambistas con sus montones de monedas al tiempo que gritaba:

— ¡Fuera de aquí! ¡Habéis convertido la casa de mi Padre en un mercado y una cueva de ladrones!

La reacción de las autoridades religiosas fue de total desconcierto, porque lo que acababa de hacer no solo no iba en contra de la Ley, sino que era algo que ellos mismos debieran haber hecho antes. No se atrevieron a apresarme, aunque andaban buscando la ocasión para hacerlo, porque el pueblo estaba de mi lado.

Solamente un pequeño grupo de piadosos fariseos se acercó tímidamente a protestar preguntándome por qué había hecho semejante cosa.

Yo les respondí:

— ¿No habéis leído en la Escritura: Mi casa será casa de oración para todas las gentes? ¿No os escandaliza verla profanada y convertida en un mercado?

Contemplando el atrio del templo en silencio y pensando en el desastre inevitable que le esperaba a mi pueblo por no haber conocido la hora de su salvación, no pude contener las lágrimas. Lágrimas que desconcertaron a mis discípulos en el preciso momento en que ellos celebraban mi triunfo.

— ¡Jerusalén, Jerusalén! — exclamé — ¡Si al menos en este día supieras encontrar el camino que conduce a la paz! Porque vendrán días sobre ti en que tus enemigos te rodearan de trincheras, te pondrán sitio, te atacarán por todas partes, y te destruirán con todos tus habitantes. No dejarán sobre ti piedra sobre piedra, porque no supiste reconocer la hora en que Dios vino a salvarte.

Al atardecer me retiré a Betania para descansar y pasar la noche lejos de las autoridades religiosas que ahora, más que nunca, buscaban la manera de poder arrestarme sin provocar un levantamiento del pueblo que el Gobernador romano no toleraría en modo alguno.

Regresé el lunes por la mañana acompañado de mis apóstoles y en el camino creí conveniente recordarles, lo que en varias ocasiones les había anunciado que iba a ocurrir en un futuro que ya estaba muy cercano:

— He aquí — les dije — que nos acercamos a Jerusalén donde seré apresado por las autoridades religiosas quienes me juzgarán y condenarán a muerte, y seré entregado a los paganos quienes me matarán, pero al tercer día resucitaré.

Tan ajeno estaba esto de su mente que no lo comprendían, quizá porque los acontecimientos recientes les había hecho creer que estaba a punto de llegar la hora de la instauración del nuevo reino y no podían renunciar a un sueño que veían ya próximo a realizarse.

Se entristecieron oyendo mis palabras y trataban de animarse comentando la entrada triunfal del día anterior y el entusiasmo del pueblo que me aclamaba por Mesías, sin que las autoridades se atrevieran a arrestarme.

— Ha llegado la hora de mi glorificación — añadí — pero la gloria que yo busco no es de este mundo. ¿No es cierto que si el grano de trigo caído en la tierra no muere permanece sólo, pero si muere da fruto abundante? En verdad os digo que quien ama su vida la pierde, en cambio quien no vive apegado a ella en este mundo, la conservará para la vida eterna. Por eso si alguno quiere seguirme correrá la misma suerte que yo, pero todo el que me siga, será honrado por mi Padre.

Tras un momento de silencio, continué:

— Mi espíritu está profundamente turbado; pero ¿qué puedo decir? ¿Diré al Padre que me libre en esta hora de lo que va a venir sobre mi? No puedo, porque vine para aceptarlo y glorificar así a mi Padre.

— Maestro, las Sagradas Escrituras dicen que el Mesías no morirá nunca y su reino será eterno. ¿Cómo puedes pensar que prevalecerá el enemigo? — argumentó Judas.

Viendo que ni ellos podían comprenderme, en vez de responder su pregunta, les exhorté diciendo:

— Todavía está la luz entre vosotros, pero no por mucho tiempo. Mientras tenéis esta luz, caminad para que no os sorprendan las tinieblas, porque el que camina en la oscuridad no sabe a dónde va.

Al llegar a Jerusalén, me dirigí al templo donde el pueblo me esperaba ansioso y allí, en el atrio, comencé a enseñar.

Como era de esperar el Sumo Sacerdote había tomado toda clase de precauciones duplicando la guardia del templo así como el número de sacerdotes y levitas que, con su presencia, procuraban contener el entusiasmo del pueblo.

Apenas había comenzado a hablar, cuando se presentó una delegación de sacerdotes, escribas y ancianos miembros del Sanedrín para preguntarme oficialmente quien me había dado autoridad para hacer las cosas que yo hacía. El tono de su pregunta, oficialmente y en presencia del pueblo, equivalía a un interrogatorio judicial. Obviamente su intención no era otra que desacreditarme delante del pueblo que escuchaba mi mensaje y creía en mí.

Aceptando su desafío y siguiendo el método de discusión que solían emplear los doctores de la Ley, respondí haciéndoles a mi vez otra pregunta:

— Yo os diré con que autoridad obro si me respondéis primero de quién recibió Juan el encargo de bautizar: ¿del cielo o de los hombres?

Mi pregunta era bastante embarazosa para ellos por la actitud que habían tomado respecto a Juan el Bautista, y razonaban entre sí diciendo: "Si contestamos que lo recibió del cielo, nos dirá: ¿Por qué pues no creísteis en él? En cambio si decimos que lo recibió de los hombres, el pueblo reaccionará en contra de nosotros, pues todos ellos opinan que Juan era realmente un profeta".

Tras unos momentos de silencio dijeron:

— No lo sabemos.

— Si no lo sabéis — respondí — tampoco os diré yo con que autoridad obro y hago estas cosas.

No obstante, para hacerles pensar sobre su reacción ante la misión de Juan, les conté una parábola:

— Un hombre tenía dos hijos, y un día le dijo a uno de ellos: "Necesito que vayas hoy a trabajar en la viña". Y él le respondió: "Si, padre, yo iré", pero no fue. Lo mismo le dijo el padre al otro hijo, que le contestó: "No quiero ir", pero más tarde recapacitó y fue a trabajar en la viña como el padre le pidió. Decidme, ¿cual de los dos hizo las voluntad del padre?

— El último — respondieron.

Aplicando entonces la parábola al hecho histórico, les dije:

— En verdad os digo que los publicanos y las prostitutas os precederán en el reino de Dios. Porque Juan vino a vosotros para mostraros el camino de salvación y no le aceptasteis; ellos en cambio creyeron en él y dieron frutos de penitencia. No le aceptasteis porque no estabais dispuestos a arrepentiros y creer en él.

Y añadí otra parábola que resumía la historia de Israel como pueblo escogido por Dios y el rechazo de cuantos mensajeros les había enviado.

— En cierta ocasión un hombre plantó una viña en su finca y la rodeó de una tapia protectora; dentro construyó un lagar para hacer el vino, y levantó una torre en el centro para vigilarla. Luego la arrendó a unos labradores y se ausentó yendo a vivir a un lugar lejano.

Cuando llegó el tiempo de la vendimia, envió a sus criados para recibir la parte del fruto que le correspondía. Pero los labradores, cayendo sobre ellos, golpearon a uno, mataron a otro y a los otros los apedrearon.

El amo envió otros criados, en mayor número que la vez primera, y los labradores hicieron lo mismo con ellos. De modo que, al fin, envió a su propio hijo, pensando: "Al menos a él lo respetarán". Pero cuando los labradores vieron que se trataba del hijo del amo, dijeron: "Este que viene ahora es el heredero. Matémosle, y la viña será nuestra". Y echándole mano, le arrojaron fuera de la viña y le mataron.

Cuando el amo mismo de la viña venga, ¿qué hará con aquellos labradores? — les pregunté.

— Son unos miserables; los matará sin compasión alguna y dará la viña a otros labradores que le entreguen a su debido tiempo la parte de los frutos que le corresponda — me respondieron.

Entonces les pregunté:

— ¿No habéis leído nunca en la Escritura:

"La piedra que desecharon los constructores,
se ha convertido en la piedra principal.
Esto lo ha hecho el Señor
y es admirable a nuestros ojos?"

Por eso os digo que el reino de Dios se os quitará a vosotros y será entregado a un pueblo capaz de dar al amo los frutos que le corresponden.

No era necesario ser un experto en las Sagradas Escrituras para sacar la moraleja de la parábola y así lo hicieron, pues dándose por aludidos abandonaron el lugar para reportar al Sumo Sacerdote lo ocurrido. Desesperados buscaban la manera de apresarme, pero temían al pueblo porque muchos me consideraban profeta y Mesías.

CAPÍTULO XIX

Por el momento tenía el campo libre para predicar y enseñar al pueblo, aunque las autoridades religiosas pronto volverían a la carga buscando alguna causa legal con qué acusarme a la autoridad romana, que se había reservado la pena de muerte en Israel.

Al fin creyeron haberla encontrado. Se trataba de una trampa, según ellos infalible, de la que no podría escapar, y el siguiente día, martes, mientras enseñaba al pueblo en el atrio del templo, enviaron un grupo de herodianos para hacerme públicamente una pregunta de carácter político, tema que hasta el presente había procurado evadir.

Tras saludarme afectando un candor y un respeto que no tenían, me preguntaron en voz alta para que todos pudiesen oírles:

— Maestro, sabemos que eres sincero y enseñas el camino de Dios con verdad, sin temor a nadie porque no haces acepción de personas. ¿Crees justo que el pueblo judío, escogido de Dios, tenga que pagar tributo al emperador de Roma?

La trampa estaba muy bien preparada y podía ver en sus rostros la sonrisa del triunfo que ya saboreaban, aún antes de conocer mi respuesta. Porque si respondía diciendo que era lícito pagar tributo a Roma, me atraía la enemistad de los que veían en mi al Mesías libertador del pueblo judío. Y si respondía que era ilícito pagar tributo a Roma, era causa suficiente para denunciarme al Gobernador romano como rebelde e instigador del pueblo contra el poder de Roma.

Mirándoles fijamente a los ojos, les pregunté:

— ¿Por qué me tentáis hipócritas? Enseñadme la moneda con que se paga el tributo al emperador.

Enseguida me presentaron un denario de plata que llevaba grabada una efigie humana, lo cual estaba prohibido por la ley judía.

Pretendiendo como si jamás hubiese visto una moneda romana, pregunté:

— ¿De quien es esta imagen e inscripción?

— Del emperador — respondieron.

— Pues entonces dad al emperador lo que es del emperador y a Dios lo que es de Dios.

Al oír esta respuesta, totalmente inesperada, no supieron reaccionar y se alejaron en silencio.

Una vez más habían fallado las autoridades religiosas en su intento de encontrar una causa legal para poder condenarme pero, no dándose por vencidos, recurrieron a los saduceos, quienes negaban rotundamente la resurrección de los cuerpos, objeto de viejas disputas entre ellos y los fariseos.

Esa misma tarde se me acercó un grupo de saduceos para hacerme una pregunta concreta ya que se trataba de un caso concreto que, supuestamente, no podían solucionar pues parecía contradecir la misma Ley de Moisés.

— Maestro — me dijeron — de acuerdo con la Ley de Moisés, si un hombre casado muere sin haber tenido hijos, su hermano deberá casarse con la viuda, y los hijos que de ella tenga serán considerados como descendientes del difunto. Pues bien, he aquí que entre nosotros hubo un hombre que se casó y murió sin haber tenido hijos, por lo cual la viuda se casó con el hermano siguiente. Pero lo mismo sucedió al segundo, y luego al tercer hermano, y así hasta los siete hermanos. La última en morir fue la mujer. En la resurrección ¿de cuál de los siete hermanos será esposa, pues todos ellos estuvieron casados con ella?

Escuchando su argumento, me di cuenta que se trataba de un caso ridículo y absurdo pero que en su manera de argüir demostraba la imposibilidad de la resurrección. Pensaban que si trataba yo de defender la resurrección, caería en una serie de enredos que me dejarían desacreditado ante la multitud de mis oyentes.

El concepto de la resurrección según los fariseos se prestaba a semejantes ridiculeces ya que, según ellos, a los resucitados se les atribuían las mismas facultades que tenían antes de morir, tales como el comer, dormir, y hasta engendrar. Por eso, y para cortar semejante fantasía, les contesté empezando por negar sus premisas:

— Estáis muy equivocados — les dije — porque ni conocéis las escrituras ni el poder de Dios. En la resurrección ya no habrá matrimonios, porque todos serán como los ángeles que están en el cielo. En cuanto a la cuestión sobre si los muertos han de resucitar ¿no habéis leído en la Escritura que Dios dijo: "Yo soy el Dios de Abraham, de Isaac y de Jacob?" Pues bien, no es Dios de muertos, sino de vivos.

También los saduceos marcharon humillados sin saber que responder, y la gente que me escuchaba se maravillaba de mi enseñanza, porque enseñaba como quien tiene autoridad y no como los escribas y doctores de la Ley.

Los fariseos se sintieron, en parte, exonerados por la derrota de los saduceos y, junto con los escribas, lo celebraban como si hubiese sido un triunfo personal suyo cuando, dirigiéndome a ellos, les hice esta pregunta:

— ¿Qué pensáis vosotros del Mesías? ¿De quién es hijo?

— De David — respondieron sin dudar.

— Entonces — les pregunté — ¿cómo es que David, inspirado por el Espíritu de Dios, le llama Señor, cuando dice:

"Dijo el Señor a mi Señor:
Siéntate a mi derecha hasta
que ponga a tus enemigos
debajo de tus pies?"

No sabiendo que responder, callaron y no se atrevieron a hacer más preguntas. Entonces me dirigí al pueblo que nos rodeaba y les advertí diciendo:

— En la cátedra de Moisés se sentaron los escribas y fariseos. Haced lo que os digan, pero no imitéis su conducta porque no hacen lo que enseñan. Echan cargas pesadas sobre los hombros de los demás, pero ellos no están dispuestos a tocarlas ni siquiera con un dedo. Todo lo que hacen es para que la gente los mire. Usan filacterias más anchas y flecos más largos que los demás, les gusta ocupar los primeros puestos en los banquetes, ser saludados en público, sentarse en los lugares preferentes en las sinagogas y que la gente les llame "maestros".

Y dirigiéndome a ellos, les amonesté:

— ¡Ay de vosotros escribas y fariseos hipócritas, que cerráis a todos la entrada en el reino de Dios! Ni entráis vosotros ni dejáis que entren los demás.

¡Ay de vosotros, escribas y fariseos hipócritas, que devoráis las haciendas de las viudas y para disimular pronunciáis largas oraciones!

¡Ay de vosotros, escribas y fariseos hipócritas, que recorréis tierra y mar en busca de un prosélito y cuando lo habéis convertido le hacéis dos veces peor que vosotros!

¡Ay de vosotros, escribas y fariseos hipócritas, que ofrecéis a Dios el diezmo de la menta y el comino, pero no cumplís lo más importante de la Ley, que es la justicia y la misericordia! ¡Guías ciegos, que coláis un mosquito y os tragáis un camello!

¡Ay de vosotros, escribas y fariseos hipócritas, que limpiáis por fuera la copa y el plato, mientras que lo interior sigue sucio por vuestra rapiña y vuestra codicia!

¡Ay de vosotros, escribas y fariseos hipócritas, que sois como sepulcros blanqueados, hermosos por fuera pero llenos de podredumbre por dentro! Así también vosotros os hacéis pasar por justos delante de la gente, pero vuestro interior está lleno de hipocresía y maldad.

¡Ay de vosotros, escribas y fariseos hipócritas! Construís los sepulcros de los profetas y adornáis los monumentos funerarios de los justos, y decís: "Si nosotros hubiéramos vivido en los tiempos de nuestros antepasados, no nos habríamos unido a ellos para derramar la sangre de los profetas". Con eso demostráis, contra vosotros mismos, que sois descendientes de los que asesinaron a los profetas y colmáis la medida de vuestros padres.

¡Serpientes! ¡Raza de víboras! ¿Cómo podréis escapar al castigo de Dios?

Mis palabras acusatorias ante el pueblo, que escuchaba y coreaba enardecido todas y cada una de mis sentencias, era mucho más de lo que podían tolerar. Lívidos por semejante humillación optaron por abandonar el atrio del templo y, fulminando maldiciones y amenazas de venganza, se dirigieron a la residencia del Sumo Sacerdote para reportar lo ocurrido.

Al verlos marchar, no pude menos de exclamar:

— ¡Jerusalén, Jerusalén, que matas a los profetas y apedreas a los mensajeros que Dios te envía! ¡Cuántos veces he querido reunir a tus hijos como la gallina reúne a sus pollitos bajo sus alas, y tú no has querido! ¡Oídme bien — les grité — vuestra ciudad va a quedar desierta!

Era ya tarde cuando salimos del Templo camino de Betania y al atravesar el valle del Cedrón la silueta del templo en toda su magnificencia trajo a la memoria de mis discípulos mis últimas palabras de amenaza a los escribas y fariseos. Quizá por eso uno de ellos, Mateo, se acercó para comentar la belleza impresionante del templo y, de paso, sondear así mi pensamiento.

Comprendiendo su intención, les dije:

— Admiradlo ahora, porque os aseguro que de todo ello no va a quedar piedra sobre piedra.

Había sido un día muy difícil y mis palabras les llenaron de melancolía. Cuando llegamos a la cima del monte de los olivos nos sentamos a descansar y permanecí unos momentos meditando en silencio con la mirada fija en el templo. Al cabo de unos minutos fuí interrumpido por Pedro, Santiago, Juan y Andrés que se acercaron para preguntarme:

— Dinos, maestro, ¿cuándo sucederá todo eso? ¿cómo sabremos que esas cosas están a punto de realizarse?

Confundiendo la destrucción del templo con el fin del mundo, ya que no concebían lo uno sin lo otro, les expliqué que no serían dos sucesos simultáneos, indicándoles los signos que los precederían.

Empezando por la destrucción del templo y la Ciudad Santa les avisé:

— Tened cuidado que nadie os engañe. Porque vendrán muchos diciendo: "Yo soy el Mesías", y engañarán a mucha gente. Cuando oigáis alarmas de guerras y rumores de conflictos bélicos, los que están en Judea huyan a las montañas y el que esté en el campo no vuelva a casa para recoger su manto. ¡Ay de las mujeres embarazadas y de las que esos días estén criando! Orad para que esto no suceda en invierno, porque en aquellos días habrá tanto sufrimiento como no lo ha habido desde que Dios creó el mundo. Si el Señor no acortara ese tiempo, nadie podría salvarse. Pero él lo acortará por causa de los que ha elegido. En verdad os digo que no pasará esta generación sin que todo esto suceda.

— Maestro, ¿será eso el fin de los tiempos o debemos esperar hasta que llegue "el día del Señor" anunciando por los profetas? — preguntó intrigado Juan.

— Las tribulaciones y sufrimientos de esos días pasarán. Pero más tarde llegará el día del Señor, cuando el Hijo del hombre venga sobre las nubes del cielo con gran poder y gloria. Entonces enviará él a los ángeles para que convoquen a sus elegidos de los cuatro puntos cardinales, de un extremo a otro de la tierra y del cielo.

— ¿Cuándo tendrá lugar tu llegada gloriosa, Señor? — volvió a preguntar Juan.

— Nadie sabe el día ni la hora; ni los ángeles del cielo ni el Hijo del hombre — respondí — Solamente el Padre lo sabe. Por tanto, procurad estar alerta, porque no sabéis cuando llegará el momento. Y esto que os digo a vosotros, lo digo para todos. ¡Estad alerta porque no sabéis el día ni la hora en que vendrá vuestro Señor!

CAPÍTULO XX

Pronto se corrió entre los demás apóstoles el contenido de mi conversación con Pedro, Santiago, Juan y Andrés sobre la destrucción del Templo y la preparación para el Día del Señor. Tanto les impresionó que en la mañana siguiente fue el tema de nuestra conversación en Betania.

Y para inculcarles gráficamente la necesidad de estar siempre preparados, porque no sabemos el día ni la hora de la consumación del Reino de Dios, les conté una parábola:

— La preparación para la venida del reino de Dios puede compararse a lo que pasó a diez muchachas que fueron invitadas a la boda de una amiga para servirle de séquito en la noche de su traslado a la casa del esposo.

Cada una llevó su lámpara de aceite para alumbrar el camino y aumentar la alegría de la fiesta cuando llegue el esposo a recogerla.

Cinco de aquellas muchachas eran previsoras y llevaron consigo, además de la lámpara encendida, un frasco de aceite para volver a alimentar la lámpara al consumirse su contenido. Las otra cinco, en cambio, eran descuidadas y solamente llevaron la lámpara encendida, sin pensar que podía demorarse el esposo y el aceite de la lámpara podía mantenerla encendida un tiempo relativamente breve.

Como el esposo se demoró en llegar, les entró el sueño a las muchachas y se quedaron dormidas. Al fin, a eso de la media noche, se oyó gritar: "¡Ya viene el esposo! ¡Salid a recibirle!" Las diez muchachas se despertaron y comenzaron a preparar sus lámparas.

Entonces las descuidadas dijeron a las previsoras: "Nuestras lámparas se están apagando. Dadnos un poco de vuestro aceite". Pero las previsoras les contestaron: "No podemos porque entonces tampoco habría bastante para nosotras. Mejor es que vayáis a buscar más aceite y regreséis".

Así lo hicieron, pero mientras estaban buscando el aceite, llegó el esposo. Entonces las que estaban preparadas entraron con él a la fiesta nupcial.

Cuando llegaron luego las otras muchachas se encontraron que la puerta estaba ya cerrada. Se pusieron a llamar, diciendo: "¡Señor, ábrenos!". Pero él les contestó: "No os conozco". Y quedaron fuera.

Por eso os digo: Velad y estad siempre preparados, porque tampoco vosotros sabéis el día ni la hora de la venida del Hijo del hombre.

Para entonces, se nos había unido un grupo numeroso de gente entre discípulos, familiares y peregrinos, que escuchaban atentamente mis palabras. La llegada del Día del Señor no era nuevo para ellos. El tema había sido tratado por los profetas y sus detalles eran objeto de discusiones interminables para los doctores de la Ley, quienes lo presentaban como el triunfo final del pueblo hebreo y la instauración del nuevo reino de Dios.

Lamentablemente ignoraban el aspecto ético y universal de la manifestación del poder y de la justicia divina y, por tanto, los vínculos morales que unen la vida presente con la futura para todo el género humano. Por eso, les advertí que la espera es tiempo de preparación y que la práctica de la caridad es la contraseña y requisito indispensable para entrar en el reino de Dios.

— Cuando venga el Hijo del Hombre en todo su esplendor, acompañado de sus ángeles — les dije — se sentará en su trono de gloria. Se reunirán ante él todas las gentes del mundo, y él separará a unos de los otros, como el pastor separa las ovejas de los cabritos, poniendo las ovejas a un lado y los cabritos a otro.

Luego dirá a los unos: "Venid, benditos de mi Padre; recibid en propiedad el reino que se os ha preparado. Porque estuve hambriento y vosotros me distéis de comer; estuve sediento, y me disteis de beber; estaba desamparado, y me disteis alojamiento; estaba desnudo, y me disteis ropa para cubrirme; estaba enfermo, y cuidasteis de mi; estuve encarcelado, y me visitasteis.

Entonces los justos le contestarán: "Señor, ¿cuándo te vimos hambriento o sediento, y te dimos de comer y de beber? ¿Cuándo te vimos desamparado y te dimos alojamiento? ¿Cuándo te vimos desnudo y te dimos ropa? ¿Cuándo estuviste enfermo o encarcelado y cuidamos de ti?" Y él les dirá: "Os aseguro que todo lo que hicisteis en favor del más humilde de mis hermanos, a mí me lo hicisteis".

A los otros, en cambio, les dirá: "¡Apartaos de mí, malditos, al fuego eterno preparado para el diablo y los suyos! Porque estuve hambriento, y no me disteis de comer; estuve sediento y no me disteis de beber; estaba desamparado, y no me disteis alojamiento; me visteis desnudo, y no me disteis ropa; estuve enfermo y encarcelado, y no os ocupasteis de mí".

Entonces ellos contestarán: "Señor, ¿cuándo te vimos hambriento, o sediento, o desamparado, o desnudo, o enfermo, o encarcelado y no te ofrecimos ayuda?" Y él les dirá: "Os aseguro que cuando dejasteis de hacerlo en favor de los más humildes, también a mi dejasteis de hacerlo". De manera que éstos irán al castigo eterno; en cambio, los justos irán a la vida eterna.

Era miércoles y estaba cansado; los tres días anteriores habían sido agotadores. Por otra parte mi desafío y ataque público a las autoridades religiosas, escribas y fariseos, así como sus aliados los saduceos y herodianos me había ganado su odio y planeaban mi muerte. Solamente el pueblo sencillo estaba conmigo, pero su lealtad era muy volátil y fácilmente podía cambiar su favor intimidados por el poder y prestigio de las autoridades religiosas.

Por eso, juzgué conveniente mantenerme un Betania, rodeado del grupo de discípulos y simpatizantes que me acompañaba, y no provocarles más.

Mis apóstoles, en cambio, juzgaban que mi presencia en el Templo era necesaria para no defraudar a los miles de peregrinos que me buscaban ávidos de escucharme y, al mismo tiempo, no dar a mis enemigos la oportunidad de embaucar al pueblo en mi ausencia.

Judas, principalmente, era de esa opinión y me instaba a acudir a Jerusalén, asegurándome que el momento era propicio para instaurar el nuevo reino: "Basta una palabra tuya, maestro, para que todo el pueblo te siga".

— Donde yo voy ahora — le respondí — no todos pueden seguirme, sino sólo aquellos que fueron llamados por mi Padre. Pero llegará el día en que el Hijo del hombre sea levantado en alto, lo mismo que Moisés levantó la serpiente de bronce en el desierto, para que todo el que crea en él tenga vida eterna en el reino de Dios.

No entendió Judas mis palabras porque estaba obsesionado con la idea de que yo había sido enviado por Dios para acabar con los enemigos de Israel e instaurar un nuevo reino en la tierra, y en vano trató de convencerme para que me proclamase públicamente Mesías. En vano también traté yo de convencerle que el nuevo reino de Dios no se conquista con la fuerza de las armas sino con la fuerza del amor.

Faltaban solamente dos días para la Pascua y como deseaba celebrar con mis apóstoles el rito de la cena pascual en la Ciudad Santa la noche del jueves, envié a Pedro y Juan para encargarse de todos los preparativos.

— En la entrada de la ciudad — les dije — encontraréis un hombre que lleva un cántaro de agua, tal y como está ya convenido. Seguidle y donde entre decid al dueño de la casa: "El Maestro dice: ¿Cual es la estancia dónde voy a comer la Pascua con mis discípulos?" El os mostrará una sala amplia, ya dispuesta y arreglada. Preparádlo todo allí para nosotros.

A más de Pedro y Juan varios de mis apóstoles y discípulos fueron también a Jerusalén para mantener vivo el entusiasmo del pueblo que me había recibido por Mesías y creía en mí.

Yo, mientras, aproveché esa tarde para descansar y disfrutar por última vez la compañía y comprensión de mi madre; la única persona que nunca dudó de mí y siempre me animó a cumplir la misión que me había encomendado mi Padre celestial.

Fue un día de muchas emociones porque me daba cuenta que el final era ya inminente y veía que, después de tres años, ni siquiera el pequeño grupo de mis elegidos comprendía mi misión. Todos ellos seguían soñando con un Mesías que estaba a punto de instaurar un reinado en Israel. Por eso no me sorprendí cuando esa misma noche recibí un mensaje confidencial de Nicodemo comunicándome la traición de Judas.

En realidad no era una traición sino un error bien intencionado de un nacionalista impaciente que quiso forzar a Dios para cambiar sus planes y obrar de acuerdo con los de él. Convencido de mi mesianismo no podía comprender Judas mi supuesta indecisión y tardanza en reclamar el trono de David por la fuerza de las armas y el apoyo del pueblo. De ahí que astutamente decidiera presentarse al Sumo Sacerdote Caifás para ofrecerle lo que tanto buscaba: una causa legal para poder condenarme a muerte.

No salía de su asombro Caifás cuando Judas le confió que en tres ocasiones yo había manifestado en secreto a mis apóstoles ser no sólo Mesías sino Hijo de Dios. "Blasfemia" espantosa que debiera haber sonado en sus oídos como un trueno ensordecedor, sin embargo en este caso recibió las palabras del traidor como si fuera un mensaje divino para acabar finalmente conmigo acusándome de blasfemo.

Aunque ambos se despreciaban mutuamente, se despidieron los dos con la sonrisa del que, al fin, ha conseguido su propósito: Caifás el poder condenarme legalmente a muerte y Judas la oportunidad de enfrentarme ante un enemigo mortal que me obligaría a luchar por defender mi vida y mi misión.

CAPÍTULO XXI

El jueves por la tarde salí de Betania para celebrar el rito de la cena pascual en Jerusalén con mis doce apóstoles. ¡Cuánto había deseado comer esta Pascua con ellos!

Al ponerse el sol, de acuerdo con el ritual, nos reclinamos a la mesa y a pesar de mis repetidas exhortaciones a la humildad, al tomar sus puestos surgió una disputa entre los doce acerca de cual era el más importante. Sin decir una palabra me levanté del diván donde estaba recostado, me quité el manto, me ceñí un lienzo a la cintura y cogiendo una palangana de agua comencé a lavar los pies de mis apóstoles.

Al verme rebajado a tal servicio, quedaron cohibídos y aceptaron avergonzados el lavatorio. Solamente Pedro, al tocarle su turno, protestó enérgicamente diciendo:

— Señor, ¿lavarme los pies tu a mí? ¡Eso nunca!

— Lo que estoy haciendo, no puedes comprenderlo ahora; ya llegará el tiempo en que lo entiendas — contesté.

Pedro, no obstante, insistió:

— ¡Jamás permitiré que me laves los pies!

— Si no me dejas que te lave los pies — respondí — no tendrás parte conmigo.

— Entonces, Señor, — reaccionó el impulsivo Pedro — lávame no sólo los pies, sino también las manos y la cabeza.

— Quien se ha bañado y está limpio, sólo necesita lavarse los pies — repliqué mientras se los enjugaba con la toalla.

Terminado el lavado de los pies, me puse el manto y estando de nuevo reclinado en la mesa, les pregunté:

— ¿Comprendéis lo que acabo de hacer con vosotros?

Guardaron silencio, y continué:

— Me llamáis Maestro y Señor, y decís bien porque lo soy. Pues si yo, que soy vuestro Maestro y Señor, os he lavado los pies, ¿no debéis hacer vosotros lo mismo con los demás? Porque yo os he dado ejemplo para que lo sigáis y obréis como yo lo he hecho con vosotros. En verdad os digo, no es el siervo mayor que su Señor, ni el enviado mayor que quien le envía. ¡Dichosos si aprendéis esta lección y la ponéis en práctica!

Terminado el incidente y siguiendo el ritual prescrito, tomamos las cuatro copas de vino, el pan ázimo, las hierbas silvestres y el cordero asado.

Al tomar la primera copa en mis manos, di gracias a Dios y la pase a mis discípulos diciendo:

— Tomad esto y repartidlo entre vosotros, porque os digo que ya no beberé más de este fruto de la vid, hasta que venga el reino de Dios.

Durante la cena cité una frase del Salmo que dice: "Quien come mi pan alzó contra mi su calcañar". Y, sin nombrar a nadie, añadí:

— En verdad os digo que uno de vosotros me traicionará.

La sorpresa de mi anuncio produjo un murmullo general, acompañado de voces de protesta y manifestaciones de lealtad. Todos, incluido Judas, porfiaban en preguntar:

— Maestro, ¿soy yo acaso?

Sin dar nombre alguno, recalqué mi afirmación, diciendo:

— Es uno de los que moja el pan en la fuente conmigo.

En realidad, como todos los comensales mojaban el pan en las fuentes comunes que contenían la salsa pascual, mi observación, interpretada en sentido vago, podía designar a cualquiera de ellos.

Tomando un pan ázimo en mis manos, después de bendecirlo, dando gracias a Dios, lo repartí entre mis discípulos, diciendo:

— Tomad y comed todos de él, porque esto es mi cuerpo.

Aún no habían salido de su asombro cuando tomé una copa de vino en mis manos, dí gracias a Dios, e igualmente se la pasé diciendo:

— Bebed todos de ella, porque esto es mi sangre, con la que Dios confirma la nueva alianza, y que va a ser derramada en favor de todos para perdón de los pecados.

Cerré los ojos y guardé un momento de silencio. Al abrirlos de nuevo mi mirada se cruzó con la de Judas. Estaba nervioso e impaciente, preocupado porque no sabía cómo salir sin levantar sospechas para cumplir su compromiso con el Sumo Sacerdote. Para ayudarle, dije en voz alta:

— Judas, ha llegado la hora; lo que has de hacer, hazlo pronto.

Ninguno de los comensales entendió el significado de mis palabras, porque como el administraba nuestros escasos fondos, pensaron que se trataba de comprar algo para la fiesta o bien dar una limosna a los pobres.

Judas, aprovechando la oportunidad, salió de la sala.

Abrumado por la acción de Judas y pensando en la prueba a que dentro de unas horas todos ellos serían sometidos, dije:

— Esta misma noche va a fallar vuestra fe en mí, cumpliéndose así lo que dicen las Sagradas Escrituras: "Heriré al pastor y se dispersarán las ovejas del rebaño".

Mi predicción excitó el nerviosismo de mis apóstoles y antes de que el impetuoso Pedro protestara, dirigiéndome a él, añadí:

— Simón Pedro, Satanás os ha reclamado para zarandearos como el trigo en la criba; pero yo he intercedido por ti, para que tu fe no te falte y, cuando pases la prueba, ayudes a tus hermanos a permanecer firmes.

Proclamando su fe, respondió Pedro:

— ¡Aunque todos pierdan su fe en ti, yo no la perderé! Y aunque todos se escandalizaren de ti, yo nunca me escandalizaré.

— Pedro, en verdad te digo que esta misma noche, antes de que cante el gallo, tu me habrás negado tres veces.

— ¡Jamás! — protestó ofendido — ¡Yo no te negaré aunque me cueste la vida! Estoy dispuesto a ir contigo a la cárcel y a la muerte.

Y lo mismo decían los otros discípulos.

Como continué exhortándoles para que siguiesen confiando en mí a lo largo de la dura lucha que iba pronto a comenzar, la fogosidad bélica de Pedro pasando de las palabras a los hechos, sacó unas armas que tenía ocultas y enseñandomelas, exclamó:

— ¡Señor, aquí tenemos dos espadas!

Anonadado por semejante respuesta, que reflejaba lo que había en su mente, no pude menos de exclamar: "¡Basta ya!". ¡Qué sólo me sentí en ese momento ante la incomprensión de mis apóstoles!

Lleno de angustia e inquietud, comencé mi despedida:

— Ya no estaré con vosotros por mucho tiempo. En breve volveré al Padre que me envió, pero no os dejaré abandonados. Los que no tienen fe en mí pronto dejaran de verme, pero vosotros seguiréis viéndome. Os lo digo ahora, antes de que ocurra, para que cuando suceda tengáis una razón más para creer en mi.

Un mandamiento nuevo os doy: que os améis los unos a los otros como yo os he amado. En esto conocerán que sois mis discípulos. El que acepta mis mandamientos y los pone en práctica, es el que me ama de verdad; y el que me ama a mí, será también amado por mi Padre. Por el contario, el que no hace caso de mi mensaje es que no me ama. En verdad os digo que no hay amor mayor que dar la vida por los demás.

Os dejo mi paz; una paz que no es como la que el mundo da. No estéis angustiados ni tengáis miedo porque os he dicho que me voy. Si de verdad me amáis, deberéis alegraros al oírme decir que me voy, porque voy al Padre. Una vez que me haya ido y os haya preparado un lugar, volveré y os llevaré conmigo, para que podáis estar donde esté yo.

Cuando me vaya, rogaré al Padre para que os envíe su espíritu. Los que son del mundo no pueden recibirle, porque ni le ven ni le conocen; vosotros, en cambio, le conoceréis. Y el espíritu que mi Padre enviará en mi nombre, hará que recordéis y entendáis todo cuanto yo os he enseñado.

Era de noche cuando terminé mi despedida y levantándonos de la mesa, nos dirigimos al huerto de Getsemaní, al otro lado del Cedrón en las afueras de la ciudad, para pasar allí la noche en oración.

En el camino pasamos junto a un viñedo, y comencé a decirles:

— Yo soy la vid verdadera, mi Padre es el viñador y vosotros sois las ramas. Ninguna rama puede dar fruto por si misma sin estar unida a la vid; lo mismo ocurrirá con vosotros si no permanecéis unidos a mí. El que no permanece unido a mí, es arrojado fuera, como se hace con la rama improductiva.

En adelante ya no os llamaré siervos, sino amigos. No me elegisteis vosotros a mí; fui yo quien os eligió a vosotros. Y os he destinado para que deis fruto abundante y duradero. Si el mundo os odia, recordad que primero me odió a mí. Si pertenecierais al mundo, el mundo os amaría como cosa propia; pero no pertenecéis al mundo, pues yo os elegí y saqué de él, por eso el mundo os odiará. Ningún siervo es superior a su amo y como me han perseguido a mí, os perseguirán también a vosotros.

Os digo esto para que vuestra fe no sucumba cuando llegue la prueba. Porque os expulsarán de la sinagoga, perseguirán y quitarán la vida, convencidos de que con ello rinden culto a Dios.

Al llegar a Getsemaní, me retiré a un lugar un poco alejado para dedicar mi tiempo restante a la oración:

— Padre mío, ha llegado la hora de mi glorificación. Yo he manifestado tu gloria aquí, en este mundo, llevando a cabo la obra que tu me encomendaste. Te ruego por los discípulos que tu me confiaste; ellos saben que yo he venido de ti y han puesto su fe en mí, aceptando mi mensaje.

Yo te ruego por ellos, porque ya no estaré en el mundo; pero ellos quedan en el mundo, mientras yo voy a ti. No te pido que los saques del mundo, sino que los defiendas del maligno. Yo les he confiado tu mensaje de amor y perdón, tal y como yo lo recibí de ti. Y ahora los envío a predicar tu mensaje por el mundo, como tu me enviaste a mí. Te ruego, Padre mío, no sólo por ellos, sino también por todos los que han de creer en mí por su testimonio y su palabra.

Mis discípulos no comprendían el por qué de mi angustia y, rendidos por el cansancio, dormían ajenos a la tragedia que en esos momentos se estaba tramando. Sentía una angustia de muerte y cayendo de rodillas hasta tocar el suelo con mi rostro, exclamé:

— ¡Padre mío, todo es posible para ti! Si es posible, haz que esta copa de amargura se aleje de mi; pero no se haga mi voluntad, sino la tuya.

Al fin llegó la hora del poder de las tinieblas y comencé a oír el ruido de la turba que se acercaba conducida por Judas. Levantándome apresuradamente me acerqué a donde estaban durmiendo mis discípulos.

— ¡Despertad! — les dije — porque ha llegado la hora en que el Hijo del hombre va a ser entregado en manos de sus enemigos. ¡Levantaos, que quienes me buscan ya están cerca!

Todavía estaba hablando con ellos cuando llegó Judas, acompañado de un tropel de gente armada enviada por el Sumo Sacerdote para arrestarme y llevarme a su presencia.

Acercándose a mi, me dio un beso de amistad y abrazó fuertemente, al tiempo que me decía:

— ¡Maestro, ha llegado la hora! El pueblo está contigo.

— Judas — respondí mientras seguía estrechándome entre sus brazos — ¿te das cuenta que con un beso de amistad entregas al Hijo del hombre?

¡Pobre Judas! No había en su rostro muestra alguna de remordimiento porque no había llegado a comprender las terribles consecuencias de su error.

Al separarse de mi, se oyó la orden del oficial de mando:

— ¡Arrestad a ese hombre! — dijo. Y abalanzándose sobre mi me apresaron, amarrándome las manos.

— ¿Por qué venís a arrestarme armado de espadas, como si fuera un criminal? — pregunté — Todos los días he estado entre vosotros enseñando en el templo y no me habéis arrestado.

En aquel momento, todos mis discípulos me abandonaron y huyeron.

Eran como las tres de la mañana y los que me arrestaron me condujeron a la casa de Anás, que era suegro de Caifás, el Sumo Sacerdote de aquel año, quien me interrogó acerca de mis discípulos y mi enseñanza.

— Siempre he hablado públicamente — contesté — y enseñado en las sinagogas y en el atrio del templo. ¿Por qué me interrogas? Pregunta a los que me oyeron; ellos saben lo que yo dije.

No agradó mi respuesta a Anás, hecho que fue notado por uno de sus celosos servidores quien, escandalizado, me dió una bofetada diciendo:

— ¿Así contestas al sumo sacerdote?

— Si he hablado mal, demuéstrame en qué — respondí — y si no, ¿por qué me pegas?

Satisfecha su curiosidad por conocerme y dando por terminado el interrogatorio, me envió a casa de su yerno Caifás donde se habían reunido ya varios miembros del Sanedrín.

Pedro y Juan me habían seguido de lejos. Juan logró entrar al patio interior de la casa del sumo sacerdote. Pedro, en cambio, tuvo que quedarse afuera, a la puerta donde los criados y los guardias habían encendido una hoguera y estaban de pie, en torno a ella, calentándose. En esto llegó una criada que, fijándose en Pedro, dijo:

— Este también estaba con el Nazareno.

Pedro lo negó, diciendo:

— Mujer, yo no le conozco.

Poco después le vio otro, que dijo:

— Tu eres uno de ellos.

Pedro replicó:

— Mentira; yo no lo soy.

Finalmente, un tercero repitió la acusación, afirmando:

— Seguro que este es de ellos. Hasta su acento galileo le denuncia.

Entonces Pedro, asustado, comenzó a jurar porfiando:

— ¡No se quien es ese hombre de quien habláis!

Al instante cantó el gallo. Al oírlo, Pedro se acordó de mis palabras: "Antes de que cante el gallo, me habrás negado tres veces", y se echó a llorar.

Entretanto se habían ido reuniendo en casa de Caifás los miembros de Sanedrín y me sometieron a un interrogatorio preliminar para recoger los primeros datos de mi acusación.

La acusación oficial tuvo lugar muy pronto en la mañana, apenas se hizo de día. Para entonces se hallaban ya reunidos los tres grupos que forman el Sanedrín, bajo la presidencia del Sumo Sacerdote.

De acuerdo con las disposiciones procesales, comenzaron por interpelar a varios testigos quienes, mal interpretando algunos hechos y discursos míos, depusieron que yo había dicho que pensaba destruir el templo aunque no estaban de acuerdo acerca de los detalles.

En realidad eso no era más que un puro formulismo y cuando el último testigo terminó su testimonio, el Sumo Sacerdote, poniéndose en pie, con gran solemnidad me dijo:

— Te conjuro, en nombre de Dios vivo, que nos digas si tu eres el Hijo de Dios.

— Así es, como tu lo has dicho — respondí afirmativamente.

Al oír ésto, Caifás se rasgó las vestiduras en señal de indignación, y exclamó:

— ¡Ha blasfemado! ¿Que necesidad tenemos de otros testimonios? ¡Todos nosotros hemos oído su blasfemia! ¿Qué decís a eso?

Y todos los presentes contestaron horrorizados:

— ¡Que merece la muerte!

Dando por terminado el proceso el Sumo Sacerdote dictó sentencia de muerte por blasfemo y, sacándome de la sala, me entregaron a la custodia de los guardias del Sanedrín quienes, furiosos por la noche pasada en vela a causa mía, se ensañaron conmigo escupiéndome en la cara y dándome bofetadas y golpes mientras gritaban:

— ¡Adivina, Mesías, quien te dio!

CAPÍTULO XXII

Deseosos de llevar a cabo la ejecución antes del Sábado, que era el gran día de la Pascua, al amanecer del viernes, con las primeras luces del alba, una delegación de las autoridades religiosas me llevó fuertemente custodiado al pretorio, la residencia del procurador Romano Poncio Pilatos, para que confirmara y ejecutara la sentencia de muerte que estaba reservada al poder civil.

Sabiendo que Pilatos era un hombre escéptico, para quien la supuesta blasfemia de hacerme Hijo de Dios le tenía sin cuidado, astutamente cambiaron su acusación contra mí, convirtiendo mi supuesto delito en un crimen político.

Al llegar al pretorio mis acusadores se detuvieron en la puerta porque no podían entrar en la casa de un pagano sin contaminarse y necesitaban mantenerse puros para celebrar la Pascua. Saliendo, pues, Pilatos a su encuentro, les preguntó:

— ¿Qué acusación traéis contra este hombre?

— Si no fuera un malhechor, no te lo hubiéramos traído — respondieron indicando así que ya ellos me habían juzgado y debía aceptar su veredicto.

Pronto se dio cuenta Pilatos que se trataba de un asunto de cuestiones religiosas en las que no quería intervenir, y en tono deferente, les dijo:

— Tomadle vosotros y juzgadle según vuestra ley.

— Nosotros no tenemos autoridad para aplicar la pena de muerte — respondieron dando a entender que el Sanedrín me había condenado ya a la pena de muerte, pero su sentencia era ineficaz sin la confirmación del Procurador.

Comprendiendo la intención de mis acusadores, no le quedó más remedio que iniciar un nuevo proceso en el que necesitaba saber de qué se me acusaba y pruebas concretas de mi delito.

— Hemos comprobado — dijeron — que este hombre anda alterando el orden público. Se opone a que se pague el tributo al emperador y, además, afirma que es el Mesías, rey de Israel.

Tratándose de una acusación de conspirar contra Roma, como representante del emperador tenía obligación de examinar los cargos empezando por interrogar al acusado.

Pasando al interior del pretorio, donde fuí conducido por los soldados de su guarnición, comenzó el interrogatorio:

— ¿Eres tú rey de los judíos?

— ¿Dices esto por ti mismo, o porque mis acusadores lo dicen de mí? — pregunté.

Enojado y con cierto desprecio, respondió:

— ¿Acaso soy yo judío? Tu nación y las autoridades religiosas te han entregado a mí.

Entonces le respondí:

— Mi reino no es de este mundo. Si lo fuera, mis seguidores habrían luchado para impedir que cayese en manos de mis enemigos. Pero no es así, porque mi reino no es de este mundo.

Sorprendido por mi respuesta, me preguntó:

— Luego, ¿tu eres rey?

— Soy rey — afirmé — y mi misión en este mundo consiste en dar testimonio de la verdad, por eso quien ama la verdad escucha mi voz.

No queriendo entrar en cuestiones filosóficas, me atajó diciendo:

— ¡La verdad! ¡Quien sabe lo que es la verdad!

Enseguida se dio cuenta Pilatos que yo era inocente de las acusaciones que me hacían y que la denuncia se debía al odio que me profesaban por cuestiones religiosas. Y saliendo para informar del juicio a mis acusadores, les dijo:

— ¡Yo no encuentro delito alguno en este hombre!

Para entonces ya se había formado un gentío frente a la residencia del Procurador que, agitado por mis acusadores, gritaba toda una serie de acusaciones contra mí. Los miembros del Sanhedrin, envalentonados por el griterío de la gente, protestaron diciendo:

— Este hombre subleva al pueblo con sus enseñanzas empezando en su nativa Galilea y ahora por toda Judea.

Al conocer que era oriundo y residente de Galilea, creyó Pilatos encontrar una salida para librarse de tan embarazosa situación y, como acto de deferencia, me envió a Herodes Antipas que estaba precisamente en Jerusalén esos días con motivo de la celebración de la Pascua.

Cuando supo Herodes que el Procurador me enviaba para que fuese él quien me juzgase se puso muy contento porque desde hacía mucho tiempo quería conocerme y esperaba que realizase algún milagro en su presencia.

Me hizo varias preguntas, pero no me digné contestarle. Mi silencio le desilusionó, pero a pesar de mi desprecio comprendió que todas las acusaciones que presentaban sobre mí eran producto del fanatismo religioso de los escribas y fariseos. Proclamando mi inocencia, pero vengándose de mi desprecio, hizo que me vistieran con una vieja túnica de las que usaba en su orgías proclamándome rey de burlas. Y así vestido, en plan de mofa, me devolvió a Pilatos.

Para entonces había aumentado grandemente el gentío que gritaba amenazador frente al Pretorio, y cuando Pilatos vio que Herodes me devolvía sin quererse mezclar en el asunto, se dio cuenta que el problema era más serio y complejo de lo que él pensó en un principio. Como estaba convencido de mi inocencia pero temía provocar un incidente, buscaba una salida política que satisficiese a mis acusadores sin concederles el triunfo que supondría su ratificación de mi condena de muerte.

Intentó razonar con ellos, diciéndoles:

— Me trajisteis este hombre diciendo que altera el orden y no le he encontrado culpable de nada. Tampoco Herodes le ha encontrado culpable de los cargos con que le acusáis. Es evidente que no merece la pena de muerte. Por tanto, voy a castigarle y después le dejaré en libertad.

Al oír que pensaba dejarme libre, los miembros del Sanhedrin, escribas y fariseos, se negaron a aceptar un castigo que no fuera le pena de muerte.

Asqueado Pilatos por el odio que manifestaban hacia mí y confiando que el pueblo estuviera más dispuesto a condescender, aprovechó la costumbre sancionada por Roma de dar libertad con ocasión de la Pascua a un preso elegido por el pueblo.

Hacía unos días que estaba encarcelado un tal Barrabás quien había cometido un homicidio en una revuelta callejera y esperaba sentencia. Pensando que si le daba al pueblo la oportunidad de elegir entre Barrabas y yo, la elección recaería sobre mí, nos presentó a los dos desde el pretorio, y preguntó solemne:

— ¿A quien queréis que suelte: a Barrabás o a Jesús?

Las autoridades religiosas, los miembros del Sanedrín, los escribas y fariseos dándose cuenta de la jugada, persuadieron a la muchedumbre que pidiesen a Barrabás y así lo hicieron, con gran sorpresa de Pilatos. No salía de su asombro oyendo gritar a la turba: "¡Barrabás! ¡Barrabás!"

— ¿Qué queréis que haga entonces con Jesús, el llamado Mesías? — preguntó humillado por su derrota.

— ¡Crucifícale! ¡Crucifícale! — gritaba la turba enfurecida.

Por tercera vez, preguntó Pilatos:

— ¿Cual es su delito? No encuentro en él causa alguna que merezca la pena de muerte. Le castigaré y dejaré libre.

Pero ellos seguían pidiendo a grandes gritos que me crucificara, y sus gritos arreciaban cada vez más.

La situación de Pilatos había llegado a un punto crítico pues la pertinacia de mis acusadores iba en aumento y podía provocar una revuelta popular. Por otra parte, si se negaba a concederles lo que pedían podían acusarle a Roma de dejar en libertad a un supuesto rey que aconsejaba al pueblo no pagar tributo al emperador, fuese o no fuese cierto.

Haciendo un último intento por salvar su honor, y con ello mi vida, trató de ablandar los corazones del pueblo haciéndome flagelar;

pena tan cruel que por si sola podía sustituir a la pena capital. Me entregó a los verdugos con el consejo de hacer de mi un harapo humano, capaz de mover los corazones más endurecidos. Y así lo hicieron.

Después de la flagelación los soldados de la guarnición, famosos por su desprecio al pueblo judío en general, usaron la oportunidad para humillarme haciendo de mi un rey de burlas. Me cubrieron con una capa vieja y tejiendo una corona de espinas me la pusieron en la cabeza; entre las manos amarradas me colocaron una caña sucia a modo de cetro, y desfilando frente a mí burlonamente me rendían homenaje, al tiempo que me escupían en la cara diciendo: "Salve, rey de los judíos".

Y así, hecho un harapo humano ensangrentado y temblando por la fiebre, me presentó Pilatos diciendo:

— ¡He ahí el castigo que ha recibido! ¿No os parece suficiente? ¡Ahí tenéis a vuestro hombre!

Cuando me vieron, en lugar de compadecerse, los miembros del Sanedrín, los sacerdotes y fariseos, gritaron de nuevo:

— ¡Crucifícale! ¡Crucifícale!

A lo que Pilatos, respondió:

— Yo no encuentro culpa en él que merezca la pena de muerte.

— Nosotros tenemos una Ley — respondieron — y de acuerdo con nuestra Ley debe morir porque se hizo Hijo de Dios.

Pilatos se dio perfectamente cuenta que apelando a la Ley hebrea, le traían a un campo en el cual Roma había sido siempre muy respetuoso con el pueblo judío y sintió miedo.

Acercándose a mí, me preguntó:

— ¿De dónde eres?

No le contesté y, extrañado, volvió a preguntarme:

— ¿No me hablas? ¿No sabes que tengo potestad tanto para dejarte en libertad como para crucificarte?

— No tendrías autoridad alguna sobre mí, si Dios no te la hubiese concedido — respondí — por eso, los que me han entregado a ti son mucho más culpables que tú.

Quedó impresionado por mi respuesta pero titubeaba porque no encontraba salida y buscaba la manera de liberarme cuando mis acusadores acudieron a un argumento que no podía fallar:

— ¡Si sueltas a ese hombre, no eres amigo del emperador, porque quien se hace rey es enemigo del emperador!

Ante aquella amenaza, pensando en su carrera política y aún en su propia vida, Pilatos se dio cuenta que no podía vacilar por más tiempo. Cansado y humillado, se sentó en el tribunal, a la vista del pueblo, y haciéndose llevar una palangana y un jarro de agua, se lavó las manos, diciendo:

— Soy inocente de la sangre de este justo.

Y diciendo eso, me entregó para que me crucificasen.

En medio de aquella turba enloquecida que pedía mi muerte, apenas podía oírse una voz que gritaba: "¡Jesús es inocente! ¡Es inocente!" Era la voz de Judas, el discípulo que creyó saber más que el maestro y quiso corregir los planes de Dios.

Horrorizado al ver que Pilatos accedió a las demandas del Sanedrín, salió corriendo en busca de la única persona que, en su opinión, aún podría salvarme: el Sumo Sacerdote Caifás. Le encontró en el Templo celebrando su triunfo que acababan de notificarle y, llegando a su presencia, le suplicó:

— ¡Jesús es inocente! ¡Si muere es por culpa mía!

— ¿Y a mi qué? — le respondió despectivamente Caifás — Eso es asunto tuyo y no mío.

Dándose cuenta Judas de la magnitud de su error y cómo había caído victima de la astucia del Sumo Sacerdote, tomó en su mano las 30 monedas de plata con que "oficialmente pagaron su traición" y arrojándolas con furia contra las losas del piso salió del templo gritando:

— ¡Jesús es inocente! ¡Yo tengo la culpa de que muera un hombre inocente!

Sin saber a dónde ir, corrió enloquecido por las calles de Jerusalén hasta llegar al huerto de Getsemaní donde por última vez me había visto y allí, enajenado por el dolor de su tragedia, se ahorcó.

El camino hacia el Calvario fue lento y extremadamente doloroso. Desangrado por la flagelación y consumido por la fiebre apenas podía mantenerme en pie cuando colocaron sobre mis hombros el madero de la cruz. Me tambaleé y comencé a caminar empujado por uno de los soldados encargados de llevar a cabo la ejecución, seguido muy de cerca por un grupo de sacerdotes y fariseos que no dejaban de incitar a la chusma para que profiriese insultos y sarcasmos contra mí.

Demasiado débil para soportar el peso del madero, caminaba dando tropiezos y el centurión responsable de la ejecución, temiendo que cayera para no levantarme más, recurrió al derecho de "requisa" para obligar a uno de los peregrinos que observaban el paso del cortejo a que llevase el madero de la cruz que yo no podía soportar.

Las calles por donde pasamos estaban llenas de personas, peregrinos muchos de ellos que habían venido a Jerusalén para la celebración de la Pascua, y entre los que presenciaban el paso del cortejo, había un grupo de mujeres que lloraban horrorizadas. Madres, sin duda alguna, que simpatizaban con mi madre, aún sin conocerla. Olvidándome de mi dolor, al pasar junto a ellas, les dije:

— No lloréis por mí, llorad más bien por vosotras y por vuestros hijos, porque vendrán días en que se dirá: "Bienaventurados los vientres que no engendraron y los pechos que no amamantaron".

Al llegar al lugar del Calvario, a la entrada de la ciudad, sin más procedieron a la crucifixión. Tanto a mí como a los otros dos condenados que me acompañaban se nos ofreció una mezcla de vino y mirra para entorpecer los sentidos, y a continuación nos despojaron de nuestras vestiduras que fueron repartidas entre los verdugos.

Viendo que mi túnica era más valiosa que la de mis dos compañeros de suplicio, decidieron echar suertes para ver quien se quedaba con ella; era una túnica de una sola pieza que me había tejido mi madre unos meses antes para que la estrenase con motivo de la Pascua.

Una vez despojados de nuestras vestiduras, nos arrojaron brutalmente al suelo y extendiéndonos los brazos sobre el madero nos clavaron las manos en él, izándolo luego hasta colocarlo sobre el palo vertical que estaba ya plantado en el suelo.

En lo alto de la cruz colocaron, según costumbre, una tablilla que proclamaba el delito del crucificado. La mía, escrita en arameo, griego y latín, decía: "Jesús el Nazareno, rey de los judíos".

Ofendidos por ello, los miembros del Sanedrín acudieron presurosos a Pilatos para protestar por considerarlo, más que un error, un insulto.

— No debe decir "rey de los judíos", sino que él dijo que era rey de los judíos — exigieron del Procurador.

A lo que Pilatos, vengándose por la derrota sufrida, respondió despectivo:

— Lo que yo he escrito, permanecerá escrito.

El dolor era espantoso. Mis compañeros de suplicio gritaban y blasfemaban desesperados maldiciendo a los verdugos quienes, acostumbrados a semejante reacción, no parecieron inmutarse siquiera. Les llamó en cambio la atención oírme decir, en medio de mi dolor:

— Perdónales, Padre, porque no saben lo que hacen.

Había llegado el momento supremo del amor y, por consiguiente, del perdón. Perdón no sólo por los que físicamente ejecutaban la orden de la crucifixión, ajenos del todo a la causa de mi condena, sino para todos los que directa e indirectamente habían contribuido a llevarme a la cruz.

Perdón, en primer lugar para mi discípulo Judas quien me entregó a mis enemigos creyendo adelantar con ello la hora de la liberación.

Perdón para las autoridades religiosas que en su ceguera no fueron capaces de conocer que había llegado el Salvador anunciado por los profetas.

Perdón para mis apóstoles que me abandonaron en manos de mis enemigos, especialmente para Pedro que en su debilidad llegó a jurar que ni siquiera me conocía.

Perdón, finalmente, para todos los que se alejaron de Dios, ignorando que nos creó por amor y solamente busca nuestro arrepentimiento y nuestro amor.

Desde lo alto de la cruz, podía ver a los sacerdotes, escribas y fariseos celebrando su triunfo con burlas, risas y groserías. Despectivamente miraban a la cruz del centro, donde estaba yo clavado, y señalándola a los que transitaban por allí, me desafiaban diciendo:

— ¡Si eres el Hijo de Dios, sálvate y desciende de la cruz!

Algunos doctores de la Ley, aprovechaban la oportunidad para argumentar:

— Salvó a otros, pero no puede salvarse a sí mismo. Si es el Mesías que baje de la cruz y creeremos en él.

Muchos de los transeúntes y curiosos que observaban el suplicio, intimidados por las autoridades religiosas, se añadían a la burla y me zaherían repitiendo las mismas acusaciones.

Hasta los dos ladrones crucificados junto a mí me imprecaban diciendo:

— ¿No eres tu el Mesías? ¡Sálvate a ti mismo y a nosotros!

En su desgracia no tenían compasión para mí que sufría el mismo suplicio.

Quizá fuese una vaga esperanza pero uno de ellos, de nombre Dimas, impresionado por mi conducta se atrevió a defenderme increpando a su compañero y con voz suplicante me rogó:

— Jesús, acuérdate de mí cuando estés en tu reino.

Movido por su acto de fe, le aseguré:

— En verdad te digo que hoy estarás conmigo en el Paraiso.

Pude también desde la cruz distinguir un pequeño grupo situado a pocos pasos de distancia, que estaba formado por algunos familiares y amigos, a quienes la ley romana permitía asistir a la ejecución siempre que no se acercasen para ofrecer socorros al crucificado. Entre ellos vi a mi madre acompañada de Salomé y mi discípulo Juan, junto con María de Cleofás y María Magdalena.

La presencia de mi madre, más que un consuelo era motivo de dolor. Estaba pálida y lloraba amargamente en silencio, sin apartar sus ojos de mi. Juan se había apresurado para ser él quien la informara de mi procesamiento y condena de muerte.

No quería que fuese al Calvario, pero ella insistió con una insistencia especial. Más que un ruego fue un mandato de alguien que tiene una misión que cumplir y Juan no pudo negarse a llevarla junto con su madre Salomé.

Juan informó al centurión de guardia que estaba presente la madre de uno de los crucificados y él les permitió acercarse a la cruz por unos momentos.

Mi debilidad no nos permitía comunicarnos más que con la mirada hasta que, al fin, reuniendo las pocas fuerzas que me quedaban, mirando a mi madre le dije:

— He ahí a tu hijo.

Y luego, dirigiéndome a Juan, le dije:

— He ahí a tu madre.

Con esas palabras confié a Juan la custodia de mi madre. Llevaba casi dos años viviendo en casa de la familia de Juan y estaba seguro que nadie como él cuidaría de mi madre en mi ausencia.

Apenas terminé de pronunciar estas palabras cuando el centurión les indicó que debían retirarse. Mis ojos estaban empezando a desfallecer, y su imagen se convirtió en algo así como una sombra que se alejaba de mí.

Mi vida se extinguía rápidamente y en silencio recitaba los salmos, cuando de pronto proferí un fuerte grito:

— Dios mío, Dios mío, ¿por qué me has abandonado? ("Elí, Elí, lemá sabaqtani").

Era el comienzo del salmo 22, refiriéndose a los sufrimientos del Mesías, y al recitarlo en la cruz me consolaba porque al fin se cumplía en mi persona.

No lo entendieron así los escribas y fariseos quienes, suponiendo que estaba delirando, comenzaron a burlarse sarcásticamente de mí, diciendo:

— He aquí que ahora invoca la ayuda de Elías; esperemos a ver si viene a ayudarle.

Mis ojos apenas podían ver y agonizaba en silencio. La sed causada por la fiebre y la hemorragia era casi insufrible; no podía soportarlo más e inconscientemente murmuré:

— ¡Tengo sed!

Al oírlo, uno de los soldados de guardia mojó una esponja en vinagre y fijándola en la punta de su lanza, la llevó hasta mis labios. No tenia fuerzas ya ni siquiera para chuparla. Dándome cuenta que se acercaba el final, grité:

— Todo está terminado.

A poco de eso, sentí un estremecimiento de agonía, e inclinando la cabeza exclamé:

— Padre, en tus manos encomiendo mi espíritu.

Mis ojos se cerraron, y no se abrieron más.

Al llegar la hora de nona las autoridades religiosas pidieron acelerar el proceso y de acuerdo con la costumbre sancionada por Roma, se practicó el "crucifagio" para poder retirar los cadáveres de los ajusticiados antes de la puesta del sol que señalaba el comienzo de la Pascua judía.

Para entonces ya estaba yo muerto y no hubo necesidad de partirme las piernas. Para asegurarse, no obstante, de mi muerte el centurión a cargo de la ejecución me atravesó el pecho con su lanza y observó que no tenía ya ni una gota de sangre.

En ese momento sonó un trueno y cayó un rayo muy cerca del Calvario. La gente cogió miedo y comenzó a dispersarse. También los fariseos y miembros del Sanedrín, alardeando de triunfadores, se encaminaron a sus casas para preparar la cena pascual.

Sólo el pequeño grupo que acompañaba a mi madre permanecía impertérrito bajo la lluvia esperando la llegada de José de Arimatea, hombre influyente y discípulo mío en secreto, que había acudido a Pilatos para solicitar mi cadáver y evitar que fuese arrojado a la fosa común de los ajusticiados.

Al fin llegó con el permiso del Procurador y fueron los brazos de mi madre los que recibieron mi cadáver al ser bajado de la cruz.

Faltaba poco tiempo para la puesta del sol, hora en que comenzaba el reposo legal, y apresuradamente envolvieron mi cadáver en una sábana de lino y lo trasladaron a una tumba que José había preparado para él en un jardín situado a poca distancia del Calvario.

CAPÍTULO XXIII

Terminado el descanso sabático, al amanecer del domingo, María Magdalena y Salomé acompañadas de un grupo de piadosas mujeres, acudieron a la tumba para ungir mi cadáver con aromas. Impaciente por llegar cuanto antes, mientras Salomé y sus compañeras recorrieron la ciudad buscando donde comprar los aromas en hora tan temprana, María Magdalena separándose del grupo corrió sola hacia el sepulcro.

Al llegar quedó consternada al ver que la losa que cerraba la entrada había sido removida y que el interior del sepulcro estaba vacío. Pensando que quizá Pedro y Juan sabían quien había abierto la tumba y donde habían trasladado el cadáver, salió presurosa en su búsqueda para preguntarles.

Entretanto, terminada la compra de los aromas, Salomé y sus compañeras se encaminaron directamente al sepulcro, pensando quien podría ayudarles a remover la pesada losa de piedra que cerraba la entrada de la tumba. Pero al llegar, vieron que la piedra había sido quitada lo cual no les extrañó suponiendo que quizá los discípulos habían llegado antes con la misma finalidad que ellas.

Entraron respetuosamente y les sorprendió ver el sepulcro vacío y, sentado sobre él, un joven desconocido vestido de blanco quien les dijo:

— No os turbéis. Buscáis a Jesús de Nazaret, que fue crucificado pero ya no está aquí. Resucitó, tal y como dijo. Id, pues, y comunicárselo así a Pedro y los demás discípulos.

Desconcertadas por la noticia, huyeron del sepulcro y fueron presurosas en busca de Pedro y los demás apóstoles para comunicarles cuanto habían visto y oído.

Para entonces, ya habían recibido Pedro y Juan la visita de María Magdalena, y nada más escuchar su relato salieron corriendo camino del sepulcro. Al llegar, vieron que estaba vacío, pero observaron que las vendas y el sudario estaban en el suelo y habían sido cuidadosamente doblados.

Este detalle bastó para convencerles que el cadáver no había sido robado, como pensaba María Magdalena. Incapaces de comprender lo que había pasado y reflexionando sobre lo que habían visto, regresaron a la ciudad ansiosos de comunicárselo a los demás apóstoles.

María Magdalena, que había regresado al sepulcro con los dos apóstoles, decidió quedarse allí llorando desesperada sin saber que hacer. Al cabo de unos momentos decidió entrar de nuevo en la tumba y esta vez encontró junto al nicho donde había sido colocado el cadáver, dos jóvenes vestidos de blanco quienes la preguntaron:

— ¿Por qué lloras, mujer?

— Porque quitaron el cadáver de mi Señor y no sé dónde lo han puesto — respondió.

Dicho ésto se volvió para seguir buscando y vio un hombre en el que ni siquiera se fijó, pensando que sería el jardinero que cuidaba el lugar. El hombre le preguntó también por qué lloraba y a quien buscaba, y ella respondió:

— El cadáver de mi Señor; si tu lo has llevado, díme dónde lo pusiste.

Era yo quien le hablaba y llamándole por su nombre, la dije:

— María.

Inmediatamente reconoció mi voz, y volviendo su rostro hacia mí, exclamó:

— ¡Maestro!

Era la primera vez, después de mi resurrección, que había sido visto y reconocido por una persona humana otra que mi madre.

Se arrojó al suelo para besar mis pies, y deteniéndola le dije:

— María, ve y dí a mis apóstoles: "Asciendo a mi Padre y vuestro padre, Dios mío y Dios vuestro", pero pronto me verán también ellos.

Corriendo para darles tan grata noticia, María se reunió con los apóstoles, que estaban refugiados en el cenáculo, para contarles que me había visto y darles mi mensaje. Pero tan ajeno estaba a su mente el hecho tantas veces predicho de mi resurrección que no la creyeron.

No era muy grande la credibilidad de las mujeres y su palabras fueron acogidas como un delirio. No obstante el rechazo que recibieron de los apóstoles, su testimonio pronto se difundió por la ciudad, especialmente entre los que habían puesto su fe en mí, peregrinos muchos de ellos que pasada la celebración de la Pascua se disponían ya a regresar a sus lugares.

Entre estos se encontraban dos de mis discípulos quienes, apesadumbrados por mi trágico fin en la cruz, regresaban a Emaús.

Al caminar comentaban entre sí los sucesos ocurridos, y simulando ser otro peregrino más que retornaba a su hogar y buscaba compañía para el viaje, me añadí a ellos.

— ¿Se puede saber qué es eso que comentáis entre vosotros? — les pregunté.

— ¿Tu vienes de Jerusalén y no sabes lo que ha pasado estos días? — me respondió extrañado uno de ellos.

— ¡Han pasado tantas cosas! ¿A cual de ellas os referís? — volví a preguntar.

— Comentábamos lo ocurrido a Jesús de Nazaret, que era un profeta poderoso en hechos y palabras entre Dios y todo el pueblo. Los jefes de los sacerdotes y nuestras autoridades consiguieron que le condenaran a muerte y fuera crucificado. Nosotros teníamos la esperanza de que fuese el libertador de Israel, pero ya han pasado tres días desde su muerte.

— Cierto que algunas mujeres de nuestro grupo nos han desconcertado — añadió su acompañante — pues fueron de madrugada al sepulcro y no encontraron el cuerpo de Jesús por lo que volvieron diciendo que estaba vivo. Algunos de los nuestros fueron al sepulcro para verificarlo y lo encontraron vacío, pero no vieron a Jesús.

Interrumpiendo su conversación les dije:

— ¿Por qué os cuesta tanto comprender y creer lo dicho por los profetas? ¿No tenía que sufrir el Mesías todo eso antes de entrar en su gloria?

Y, empezando por Moisés y siguiendo por todos los profetas, les expliqué cada uno de los pasajes de las Escrituras que se referían al Mesías.

Cuando llegamos a la aldea adonde se dirigían, hice ademán de seguir adelante, pero ellos insistiendo mucho me dijeron:

— Quédate con nosotros, porque atardece ya y la noche se echa encima.

Acepté la invitación y me quedé con ellos. Cuando nos sentamos juntos para comer, tomando el pan, lo bendije, dí gracias a Dios según costumbre, y lo repartí entre ellos. En aquel momento se les abrieron los ojos y me reconocieron. Pero habiendo cumplido mi misión, desaparecí de su vista.

Mirándose el uno al otro llenos de asombro, dijeron:

— Nos ardía el corazón cuando nos hablaba y sin embargo no le conocimos.

En ese mismo instante emprendieron el camino de regreso a Jerusalén, donde encontraron reunidos a los once apóstoles, quienes les informaron que era verdad que el Señor había resucitado pues se había aparecido a Pedro, quien se apresuró a dar la noticia a los demás, confirmando así el testimonio de María Magdalena. Cuando al fin pudieron hablar, contaron también ellos lo que les había sucedido y cómo me habían reconocido al bendecir y repartir el pan.

Era ya de noche y cuando los apóstoles quedaron solos en el cenáculo, continuaron la discusión pues a pesar del testimonio de Pedro, corroborado por los discípulos de Emaús, algunos de ellos se resistían a creer.

Mientras estaban así discutiendo, me aparecí en medio de ellos y les saludé diciendo:

— ¡La paz sea con vosotros!

Sorprendidos y aterrorizados, creían estar viendo un fantasma.

— Cuando aún estaba con vosotros — les dije — os advertí en varias ocasiones que tenía que cumplirse todo lo que estaba escrito acerca de mí en las Sagradas Escrituras.

Y añadí:

— En ellas está escrito que el Mesías había de morir y que resucitaría al tercer día; y también que en su nombre se ha de anunciar el mensaje de la salvación a todas las naciones, comenzando desde Jerusalén. Vosotros sois testigos de todas estas cosas y debéis dar testimonio ello, pero antes voy a enviaros el don prometido por mi Padre.

Dicho ésto desaparecí de su vista.

Sucedió que esa noche faltaba Tomás, y cuando más tarde le dijeron los otros apóstoles que me habían visto, les contestó:

— Si no veo en sus manos la señal de los clavos no lo creeré. Más aún — recalcó — si no meto mi dedo en la señal dejada por los clavos y meto mi mano en la herida del costado, no lo creeré.

Así era Tomás, hombre incrédulo y desconfiado. Por eso, unos días después estando todos ellos reunidos, me aparecí de nuevo y, después de saludarles, dije a Tomás:

— Mira mis manos y mete aquí tu dedo; trae tu mano y métela en mi costado. De ahora en adelante, no seas incrédulo sino creyente.

Anonadado, exclamó:

— ¡Señor mío y Dios mío!

Entonces le dije:

— ¿Crees porque me has visto? ¡Bienaventurados los que crean sin haber visto!

Al despedirme de ellos, les ordené volver a Galilea donde volveríamos a vernos.

Unos días después de su regreso a Cafarnaúm salieron una noche a pescar en el lago Pedro, Tomás, Natanael (Bartolomé), Santiago, Juan, Andrés y Felipe. La jornada fue desastrosa. Al amanecer aún no habían pescado nada, y al acercarse a la orilla vieron entre la bruma un hombre que les preguntó si habían pescado algo. Respondió Pedro, un tanto abochornado, diciendo que no habían cogido pescado alguno.

Agobiado por su fracaso y pensando que se trataba de un posible comprador, ni siquiera se fijó que era yo quien le había preguntado. Entonces le recomendé volver de nuevo y echar la red por el lado derecho de la barca. Así lo hizo y esta vez la red se llenó de tal cantidad de peces que apenas podían moverla.

Sorprendidos por la abundancia de pescado, tras un momento de incertidumbre, Juan se acercó a Pedro y señalando al hombre que les observaba desde la orilla, le dijo:

— ¡Es el Señor!

Al oír eso Pedro se lanzó al agua y vino nadando a la orilla; se acercó donde yo estaba junto a un pequeño fuego que yo había preparado pero no se atrevió a decirme nada. Al poco tiempo llegaron los demás en la barca, arrastrando la red llena de peces. Les pedí trajeran unos peces para comer, y los pusimos sobre las brasas del fuego.

Ninguno de ellos se atrevió a preguntar: "¿Quién eres tú?" porque sabían muy bien que era yo.

Terminada la comida, recordándoles que ama más aquel a quien más se le ha perdonado, pregunté a Pedro:

— Simón, hijo de Juan, ¿me amas?

— Señor, tu sabes que te amo — contestó Pedro.

— Apacienta mis corderos — le dije.

De nuevo volví a preguntarle:

— Simón, hijo de Juan, ¿de verdad me amas?

— Señor, tu sabes que te amo — volvió a responder.

— Cuida de mis ovejas — añadí.

Por tercera vez le pregunté:

— Simón, hijo de Juan, ¿me amas más que éstos?

Pedro se entristeció al oír que le preguntaba por tercera vez si me amaba, y me contestó:

— Señor, tú lo sabes todo. ¡Tú sabes que te amo!

Entonces le dije:

— Apacienta mi rebaño.

Pedro, y los demás apóstoles, comprendieron que mi triple pregunta se debía a su triple negación en casa de Caifás.

Satisfecho por su confesión, y recordándole que su futuro sería una misión de amor y sacrificio, añadí:

— En verdad te digo, que cuando eras joven, tú mismo te ajustabas el cinturón e ibas donde querías; pero cuando seas viejo llegará el día en que extenderás los brazos y otros te amarrarán y conducirán donde no quieres ir.

Varias veces volví a reunirme con ellos y, recordándoles todo cuanto yo les había enseñado, les encomendé la misión de predicar mi mensaje, con la palabra y el ejemplo, hasta los confines del mundo.

Cuarenta días después de mi resurrección, nos reunimos por última vez en el monte de los Olivos, en las cercanías de Betania, y al despedirme de ellos, les dije:

— Toda potestad me fue dada por mi Padre en el cielo y en la tierra. Id pues por todo el mundo bautizando a todas las gentes y enseñándoles a observar todo cuanto yo os he enseñado. En verdad os digo, que yo estaré con vosotros todos los días, hasta el fin del mundo.

Levantando las manos les bendije, y mientras les bendecía regresé al Padre.

Estaban aún contemplando como me alejaba en el cielo, cuando dos ángeles, vestidos de blanco, se presentaron ante ellos y les dijeron:

— Varones de Galilea, ¿qué hacéis ahí mirando al cielo? Estad seguros que el mismo Jesús que acaba de subir al cielo, volverá de nuevo en toda su gloria para juzgar al mundo.

Otras muchas cosas hice y dije en presencia de mis discípulos que no han sido recogidas en este libro.

Esto ha sido narrado para que creáis que soy el Mesías, Hijo de Dios, y creyendo tengáis vida eterna.

Jesús de Nazaret.